U0925265

双11

世上没有偶然的奇迹

秦嫣◎著

中信出版集团 · CHINACITICPRESS · 北京

图书在版编目（CIP）数据

双 11：世上没有偶然的奇迹 / 秦嫣著 . -- 北京：中信出版社，2016.11

ISBN 978-7-5086-6895-6

I. ①双… II. ①秦… III. ①电子商务－研究－中国 IV. ① F724.6

中国版本图书馆 CIP 数据核字（2016）第 246858 号

双 11：世上没有偶然的奇迹

著　　者：秦　嫣
策划推广：中信出版社（China CITIC Press）
出版发行：中信出版集团股份有限公司
　　　　　（北京市朝阳区惠新东街甲 4 号富盛大厦 2 座　邮编　100029）
　　　　　（CITIC Publishing Group）
承 印 者：北京诚信伟业印刷有限公司

开　　本：880mm×1230mm　1/32　　印　　张：9　　字　　数：165 千字
版　　次：2016 年 11 月第 1 版　　印　　次：2016 年 11 月第 1 次印刷
广告经营许可证：京朝工商广字第 8087 号
书　　号：ISBN 978-7-5086-6895-6
定　　价：52.00 元

服务热线：400-600-8099
投稿邮箱：author@citicpub.com

目　录

序

中国互联网从来不缺少奇迹，但是双 11 绝对是最值得回味的一个奇迹。2015 年 912 亿销售额的声音依然还在耳边回响，向新记录进发的号角已经悄然吹响。

很多人都很关心，新的记录究竟是多少，但这个数字对于中国的数字经济来说，并不是最重要的，因为双 11 承载的价值和理想，已经远远大于一个单纯的数字。

对于消费者来说，双 11 是一个真正的购物狂欢节。中国的节日很多，但唯独没有属于消费者的节日，“315”只是消费者集中维护自身权利的一个节点，只有双 11 才是第一个真正意义上的消费者的节日。在这一天，无数商家，包括线上的、线下的、中国的、国际的，都用尽浑身解数去取悦消费者，各种消费新花样层出不穷，优惠力度也是全年最大，可以说，参与双 11 的中国消费者，幸福指数是提升的，并且随着阿里双

11 的全球化，未来会有更多国家的消费者享受到这一福利。

对于商家来说，双 11 是提振业绩和品牌的最佳机会。有声音说，双 11 是“拆东墙补西墙”，用前后几个月的业绩下降为代价，形成短时间的波峰效应，但实践表明，双 11 对商家的业绩提振具有非常显著而积极的作用。中国互联网络信息中心（CNNIC）对 2014 年双 11 的调研表明，双 11 当天，临时激发的新增消费占 35%左右，对于商家来说，这是常规经营之外的宝贵增量。

对于阿里来说，双 11 是整个阿里商业生态系统的一次大考。从物流到金融，从国内到跨境，从云计算到商家服务，双 11 可以说把阿里这台巨大的商业机器的潜能充分激发了出来，以 2015 年双 11 为例，8.59 万笔 / 秒的交易峰值、4 亿多个包裹、40%的包裹当天发货、0 故障 +0 漏单的数据处理能力……每一项数据都在刷新着全球商业史上的纪录，并且，今年还将再一次刷新。

对于中国经济来说，双 11 则是一个刺激内需的有效发动机。按照麦肯锡的统计，中国网络零售交易额的 39%是新增消费，这一比例在中小城市和农村更高达 57%，当把剁手党们的肾上腺同国民经济的增长脉搏联系在一起的时候，你会发现，双 11 代表的中国经济增长三驾马车中的消费力量，已经悄然成为奔跑得最快、力量最足的一匹马。

所以，双 11 不简单是一家互联网企业的营销活动，不简单是一个令人咋舌的数字，而且正在成为一个时代的符号，数字经济崛起的风向标。

数字经济的崛起，还有一个事件不容忽略。2016年8月，全球市值排名前5（TOP 5）的公司，首次全部被互联网企业所占据，分别是苹果、谷歌、微软、Facebook（脸谱网）、亚马逊。而就在2015年11月的排名中，只有一家互联网企业进前5，其余为石油、银行、零售（沃尔玛）等传统企业。

这是一个巨大的变化。从TOP5的互联网企业的核心技术关注点来看，人类社会已经进入人工智能时代，这让我们重新思考互联网变革。数据改变人类，已经不是传统意义上对某个结构的修修补补，而是颠覆和重塑。

不久前的杭州云栖大会上，马云提出了“五新”的理念，即新零售、新制造、新金融、新技术和新能源。这5个“新”，将深刻地影响中国、世界和所有人。

新零售：未来10年、20年，新零售将取代电子商务这一概念，这是线上线下与现代物流结合在一起创造出来的新的零售业，这个模式将会对纯电商和纯线下带来冲击。

新制造：未来的制造业用的不是电，而是数据。个性化、定制化将成为主流，物联网（IOT）的变革将变为按需定制，人工智能是大趋势。

新金融：金融业过去是二八理论，未来是八二理论，如何支持80%的中小企业和年轻人将成为重点。互联网金融会使金融业变得更加透明，更加公平。基于数据的互联网金融才能做到真正的普惠金融。

新技术：移动互联网之后，所有基于个人电脑（PC）的技术都将被移动化，基于互联网和大数据的诞生创造了无数想象。

新能源：就是数据。数据是人类第一次创造了资源，与衣服不同，数据是越用越值钱的东西。

双 11 是深刻理解这 5 个“新”的最佳载体。读懂这本书，看懂了双 11，你也就看懂了未来中国经济发展的脉络和方向，发展数字经济将是不二之选、必经之路。

阿里巴巴集团副总裁、阿里研究院院长

高红冰

第一章

双 11 背后的商业本质

有人说，双 11 是人造节日，集中了太多的不理性消费，甚至正常的消费行为也被透支；也有人说，双 11 用“便宜”大面积打击了很多品牌、很多商业实体，甚至给实体经济带来了冲击。

像很多新生事物一样，初期都与部分已有的秩序产生矛盾甚或形成冲击。如果今天的双 11 仍然和当初刚发起时一样，只是淘宝商城（当时的天猫）内部一个节庆打折活动，我们或许仍然可以去评价：是不是它的某些策略，刻意地引导了过度消费，或者是不是它的某些做法，刻意地要从别人处争夺消费者。但双 11 今天的规模，除了阿里系电商平台的推动力之外，很大程度上是源于消费者和商家的自发式参与，就像《史记·货殖列传》中说的：“若水之趋下，日夜无休时，不召而自来”，数以亿计的消费行为在某些规律的驱使下自然地发生和完成。

要将一个普通的商业行为，孕育得像双 11 这样，既有自我运行的内在动力，又能形成庞大的规模效应，一定是因为这个商业行为合乎商业本质规律，且本身有着良好的商业基因。

那么，要研究双 11 成功的机理，不如让我们从里往外，从本质开始说起。

第一节　为什么选择“11.11”

其实，11 月并不是一个理想的档期。

这几年，不管是线下的商场还是线上的网站，做打折促销活动，好像都不用挑日子了，平时随随便便捡个由头都可以做，有些商店，有些品牌，打折，至少是部分商品打折，已经是常规状态，在一家店铺里购物，完全享受不到折扣，反倒成了少有的事情。但如果做一个购物节，大家还是会倾向于选择把一个已有的节假日作为档期，这是因为节假日通常有着浓厚的文化属性和深远的积累，在普通消费者当中有着强烈的心理认同。同时，这些节日往往自带某些消费需求，比如中国人的春节，外国人的圣诞节，大家要买年货，买走亲访友的礼物。节假日还意味着大家有了一些空闲的时光，而消费是人们在这些空闲时光里一项十分重要的活动。所以，借助于一个已有的节日做大型的促销活动，比较容易成功，所以也是以往大多数人的选择。

整个11月，从月初到月尾，除了已经被美国人用掉了的感恩节之外，并没有一个正经的节日。11月对传统零售业来说，是一个“夹生”的时段。10月，国庆7天黄金假期，人们大多会做三件事：旅行、娱乐和消费。于是，线上线下、全社会都会做各种促销，林林总总的打折活动一般会持续整个10月上半月，在消费者大量的需求和精力被透支掉之后，10月剩下的日子大概不会再有可被挖掘成有爆发力的消费需求的机会了。12月，圣诞节加元旦，是毋庸置疑的所有商家都紧紧盯着的一个档期，连天猫的同胞兄弟淘宝，也已经把每年最大型的促销活动牢牢地扎在了这个时候，如果天猫在这个时候再跳进去，必定会面对相当激烈的竞争状况，即使天猫拼尽全力，能抓过来的消费力空间也应该不会很大。

但是，必须是下半年，准确来讲，必须是第四季度。

做过零售的人都知道，零售业的高峰基本是在下半年，单就客单价而言，很多品类下半年的客单价就比上半年要高很多，尤其是第四季度，比如同一品牌的服装，春夏休闲衫的均价可能只有几十元，而冬季羽绒服和呢大衣的均价则起码几百元。因此，如果我们希望购物节在交易规模上取得尽可能大的成果，那么关于时间，我们还是得在下半年，并且是在第四季度里做选择。

那么，只能选 11 月。在阿里巴巴的几年工作经验告诉我们，很多商业决策并不需要我们用尽全身力气去想，也不需要我们拥有一个比别人都聪明的脑袋，只需要我们尽量保持客观和冷静，并且有抽丝剥茧的耐心，有一个答案或者它早就存在，只等我们找到所有的影响因素，仔细衡量利弊，就可以拨开云雾遇到它。

至于选择 11 月的哪一天，传说中是逍遥子（阿里巴巴现任首席执行官张勇）一拍大腿就决定了的，但是我们可以猜想，他可能会基于一些考虑，比如，11 月比较普及的节日只有月末的感恩节，但这个节日在中国的被接受程度有限，和 12 月又贴得太近，也就是和线上线下各种促销到来前的预热靠太近，到时候，天猫的声音就容易被淹没在很多类似的购物节当中，向消费者准确传递天猫购物节独特之处的成本也会成倍变高。在中旬和上旬当中，有“11.11”这么一个日子，虽然不是传统节日，但它在网民中具备一定的认知度，当时大家在网上用这个日子来调侃单身青年已经有几年了，所以它可以有噱头，而且这个由 4 个“1”组成的日子，又有很高的辨识度，容易让人一下子就记住。所以，“11.11”成了天猫最好的选择。

如果天猫选的是一个既定的节日，那么就有既定的消费习惯可以作为购物节整个市场的撬动点，比如阿里巴巴后来在过年的时候做的“年货节”，就是这个模式。但“11.11”和一般节日不同的是，它没有既定的消费需求，消费者为什么会选择在这个时间来天猫买东西，为什么有那么多消费者会同时做出同样的选择，这需要双 11 给出一个消费支点，是普通消费者在整个购物节里进行消费的最初动因和最大理由。这个支点要靠天猫自己去发现，并通过整合供应链和做好整体的市场策略，来找到并推动形成真正的消费力。如果我们没能找到那个支点，激发出消费力潜能，就不足以支撑双 11 超越常规的打折活动，并形成今天这样有内在生命力的大型购物节。

虽然 11 月不是传统零售的旺季，但这并不意味着 11 月没有其潜在的消费需求，只要我们仔细地想一想也不难发现，11 月真实存在的消费需求还有很大的发掘空间。11 月，北方已进入冬季，而华东以南的地区，这个时候正是深秋换季的高峰，大家要买的东西可以有很多，从家里的棉拖鞋到各种冬装，甚至是冬日进补的食材。这个时间同时也靠近年末，如果在品类布局上做得好，还可以把一部分年底的购物需求也提前到这个时间。可以说，11 月有一块未经开拓但十分开阔的消费力“腹地”。

但另一方面，因为 11 月并不是旺季，品牌商、渠道商，还有他们的供应链，谁都没有在 11 月做大规模促销的经验，大家的商品，从设计、选品，到生产、库存，没有哪一样是为双 11 做好准备的，突然要让商家在这个时候把能够满足大型购物节需求的供给匹配上，一定会出现问题。有些商家会出现选品和库存准备方面的问题，因为原本品类设计上适合在这个季节大量发售的款式、型号不多，数量也不会那么多；有些商家则可能会出现服务能力不足的问题，后来像李宁这样的品牌也出现过短时间内服务能力跟不上，大量订单不能及时发出去的问题。这个风险是执行层面的事情。当我们在形成一定的商业决策之前，需要先分辨，哪些因素和形势、环境、条件等密切相关，并在我们给出选项和进行选择时，充分考虑清楚；而了解哪些风险虽然存在，却是可以在执行过程中渐次得以解决的，这也非常重要。它有利于我们将决策和执行策略更紧密地结合在一起，防止出现决策和执行的断档，但我们仍需学会的是判断出哪些问题会影响决策本身，而哪些不会。

天猫顶着重重困难，最终决定选择 11 月 11 日，这个和购物没有一丁点儿关系的日子。虽然这个日子在一开始和购物没有半点儿关系，但有一个好处，就是我们可以重新定义它。如果选择一个大家都会选的节日，可能我们在起点上干得不会那么吃力，在一开始就可以获得看上去很美的销售业绩，但这么做也意味着我们放弃了独树一帜的机会，选择去为一堆已经烧起来的火堆添柴，在别人的光芒里燃烧消散自己的能力；而选择一个仅仅属于自己的日子，就是自己点火堆，只要它稍一成事，就会有人来帮我们添柴增势，并最终凝聚起光辉被大众认知，被大众记住。

天猫双 11 之后，各电商平台，尤其是稍大型的电商平台也开始造节，单纯从打折力度上来比较，比双 11 打折力度更大的也并不是没有，但客观地来说，从规模、普及程度和持续能力等各方面都没有双11成功。从时间的选择方面来比较，双11更容易覆盖到广泛的品类，在执行过程中能带动和影响到的行业和品牌更多，从各自找到的消费支点从而撬动的消费空间来比较，双11也具有更明显的天然优势。

逍遥子其人

逍遥子（阿里巴巴内部人称“老逍”），阿里巴巴集团现任CEO（首席执行官），本名张勇，于2007年8月加入阿里巴巴集团，担任淘宝网首席财务官，参与设计淘宝商业模式，帮助淘宝在2009年年底实现盈利。

2008年，逍遥子兼任淘宝网首席运营官以及淘宝商城总经理。在他的带领下，B2C（企业到用户的电子商务模式）平台淘宝商城逐渐明确了自身定位，找到自己的位置，成为阿里巴巴集团最重要的业务之一。2009年，逍遥子亲手启动了第一届双11，并通过几年的持续推动，使双11成为全球最大的购物节。2011年，天猫成为独立业务后，逍遥子出任总裁，天猫目前已是全球最大的B2C平台之一。

逍遥子自2013年9月起担任阿里巴巴集团首席运营官，全面负责阿里巴巴国内和国际业务的运营，带领公司成功向移动转型，建立全球物流平台——菜鸟网络，并推出了让中国消费者购买全球品牌商品的平台——天猫国际。作为移动转型的一部分，手机淘宝已经成为全球最大的移动消费生活平台。他还主导了阿里巴巴集团多项重要战略投资，包括苏宁云商、海尔电器、银泰商业集团、新加坡邮政等。

目前逍遥子身兼多职，除担任阿里巴巴集团首席执行官、阿里巴巴集团董事局董事、阿里巴巴合伙人之外，还同时担任美国和香港多家上市公司的董事，包括海尔电器、银泰商业集团和微博等。2015 年 5 月，逍遥子兼任银泰商业集团董事局主席，2015 年 9 月，兼任阿里体育集团董事长。

在加入阿里巴巴集团前，逍遥子于 2005~2007 年期间，担任在线游戏开发和运营商盛大互动娱乐有限公司的首席财务官，该公司已于纳斯达克上市。在此之前，他曾于上海普华永道会计师事务所担任审计和企业咨询部门资深经理。

印象中，逍遥子具有两个显著特点，一个是精力旺盛、不知疲倦；另一个是思路缜密，一言切中要害。2010 年，逍遥子在担任淘宝商城总经理时，我曾因多项商城业务规则以及双 11 规则的事务，向其做过汇报，对他能快速从纷繁复杂的细节中找到症结和要害，理解具体业务环境中的困难和摩擦，并且最终给出最理想的判断，印象非常深刻。

第二节　也许只有天猫可以成就双 11

也许在有些书里，我们会被告知，只要你做到哪些哪些，你就可以像谁那样获得什么什么样的成功。我们不去评价那些道理讲得对不对，有没有用，反正看得多的人也不一定能成功。

其实，天时地利这样的客观因素在很多商业案例的成功中，一直都起着十分之重要的作用，双 11 也不例外。我们在讲它为什么成功的时候，在讲它做了什么之前，有必要把这些因素先拿出来进行剖析。因为一个完整的商业行为，必然包含了“判断”和“选择”，判断包括了看清楚方向，看清楚势态，看清楚自我位置和竞争位置，看清楚机会和危机；选择则是基于以上的“看清楚”，找到一条最适合自己的路径。判断和选择是一切的开始，有的时候，我们在后面所做的一切，再勤奋再努力，或者再具创造力再巧妙，也很难摆脱开始的判断和选择。当然，如果开始是对的，那么后面我们做的事情，就有可能全部成为加分项，就如同双 11。

大平台，是双 11 成功的必要条件

换成另外任何一个网上商城或者任何一个电商平台，双 11 可能也会成为一个具有一定规模且有一定生命力，可以延续多年的单平台网购折扣活动，但绝对不可能像今天这样，成为一场全民主动参与的狂欢盛会。

这首先是天猫的基因决定的。天猫的基因是淘宝，是大平台基因，这种基因表现出来的最显著的显性特征是极其丰富的品类和极富延展性的交易类型。从一开始，天猫就拿着全部品类来组织双 11，因此双 11 在向所有消费者传达“便宜”的同时，还传达了“这一天，什么东西都便宜”的信息，这和淘宝最早的广告语：“只有你想不到，没有你淘不到”所切中的消费者需求，在很大程度上是一样的。也是“这一天，什么东西都便宜”让消费者有了疯狂血拼的理由，有了狂欢的基调，有了双 11 的整体氛围。

如果我们把双 11 切换到其他类型化突出，或者某个从垂直品类起家的平台上，那么它吸引消费者注意力的原因会更加具有针对性，消费者入场的目的也相对明确，可能这类活动在获取特定用户方面需要付出的成本较小，但也正因为动因

相对单一，被吸引过来的消费者数量可能就会比较有限。比如，“京东 618”购物节，据网上公布的部分交易信息推算，其 2013 年的交易额在 17 亿元上下，2014 年为 34 亿元（100%增长），2015 年 68 亿元（也是 100%增长），虽然京东这些年不断拓展品类，特别是以平台化的方式拓展了更多的行业和交易类型，但仍有 60%左右的交易来自自营模块，一半以上的交易来自京东的强项品类 3C 数码（指通讯产品、电脑产品、消费类电子产品三类产品）和电器。现阶段的京东 618 和双 11 相比，一个更像是京东的店庆购物节，而另一个则是全体网民的狂欢节。而且，京东要把“618”做得像双 11 一样，不但要不断加强自身的丰富性，还有可能需要刻意削弱自己“网上电器商城”的外在形象。很多类型化突出的 APP（应用程序）在用户量达到一定数量之后，就很难再在用户量方面做到持续增长，就是类似的原因。

天猫的丰富性沿袭自淘宝，和逐步扩展成全品类的平台最大的区别是，消费者天然地或者说早就已经习惯了，天猫应该是什么都有的。所以，对于天猫打出的“全场五折”，消费者可能不需要提醒，就能自然想到很多他们要买的东西在那一天都会比较便宜，而对于一个原来立足于某一个垂直品类或者某一种消费场景的平台，它要让消费者认知到在它的购物节里也能享受到很多不同品类商品的折扣，要付出的代价比天猫多得多。

天猫所提供的丰富性，不但使怀着各自目的入场的消费者都能在这一天如愿以偿，还能使已经入场的消费者比较容易地从自己原来的目的当中跳出来，让消费需求在更大的范围内得以满足。举个例子，天猫品类当中有电话费充值这个品类，阿里系通常管这种品类的交易叫作虚拟交易，因为交易过程中全无实体商品参与，出于对网络交易安全等其他因素的考虑，一般情况下，双 11 之前，天猫所发出的红包是不被允许在这个品类使用的，当然这个品类的商品也不会出现高折扣，即使是这样，每逢双 11，话费充值品类的交易额都会刷出新高。

其次，天猫所选择的“消费者心智”使得它成为双 11 绝佳的土壤。“消费者心智”是什么？我们可以通过比较天猫和淘宝来加以说明。淘宝给所有消费者留下的印象，大概是这样两个：只要想买什么都能买得到，以及在淘宝上买总比在线下买便宜。这是最初的印象，也是在很长一段时间里，淘宝最深入人心的印象。这就是所谓的消费者心智。用概括性的语言来描述，大概就是，在消费者眼中，某一个商业体给他们带来的让他们愿意为之付出对价的最简单最直接的原因是什么。而天猫选择的消费者心智和淘宝是有区别的。

一开始，淘宝上卖得好的商品就体现出一些共性，一个是比我们在线下商店里买要便宜，另一个是这种东西比较不常见，在线下商店里不太能找得到，或者要花好大力气才能找得到。这两点，刚好能补足当时线下零售没能实现的消费者需求。反观淘宝的发展历程，最早开花的品类是3C数码，特别是其中的电脑配件，那也就是2004年前后，我们大多使用PC机（个人电脑），比起品牌整机，很多人更愿意选择价格相对更加实惠的组装机，于是选择购买各种配件自己组装。相比当时线下的电脑城，淘宝上有更多的选择和更实惠的价格，所以当时，这个品类成了淘宝的第一大品类。通过这一点，我们也可以看到淘宝在消费者心目中最突出的印象是"便宜"以及"淘到在线下不容易淘的货"。电商发展到2008年，有更多的人开始习惯网购，更多人开始用网购代替以前的消费方式，网购逐渐覆盖了人们的各种日常所需，这个时候，大家对网购的期待和要求也越来越多。大家在买大件家电时，希望能在网上挑好品牌型号后，有人可以直接送货上门，甚至帮忙安装；大家在买生鲜、买油盐酱醋时，不愿意自己去当搬运工，希望挑齐了有人配送，还希望不管是从这个世界上哪个角落运来的都是最新鲜的；大家在买食品时，不再只图口感、新鲜感了，更要求吃下去的食品是安全的……我们把消费者升级后的需求抽象出来就是，要求商品有保障，服务好且全面。天猫选择的消费者心智正是这个：正规品牌和服务保障。

假设双11由淘宝来主导，同样是全场五折，对消费者的吸引力不会比天猫大。因为淘宝上大多数商品都没有品牌，这些商品在消费者心目中缺少确定性的认知，甚至缺乏参照系，即使这一天的价格再低，消费者也并不知道当前的价格到底等同于多大的“实惠”，在短时间内形成购买决策的可能性就会大大降低。这也是我个人认为淘宝的“双 12”始终没有超越双 11 的规模和影响力的原因，如果双 12 继续以现在的方式做下去，也不会有机会成为另一个双 11。天猫则不同，而且随着各种知名品牌入驻天猫，以及电商血缘品牌对自身的不断强化，消费者对于在这一天买到的商品，质量方面是否牢靠，服务和保障是否全面，价格优惠力度是否诱人，会产生越来越清晰的判断。这一确定性使得更多的人愿意在 11 月 11 日这一天花钱，也使得所有人在这一天花钱的过程越来越不需要迟疑。

2009 年几乎就是双 11 最恰当的开端

表 1　网络零售总额

年份	网络零售总额（亿元）	网购规模占社会消费品零售总额的比例
2005 年	83.2	0.12%
2006 年	208	0.27%
2007 年	250	0.58%
2008 年	1 300	1.20%
2009 年	2 600	2.07%
2010 年	5 141	3.27%
2011 年	8 019	4.42%
2012 年	13 306	6.33%
2013 年	18 851	7.93%

（续表）

年份	网络零售总额（亿元）	网购规模占社会消费品零售总额的比例
2014 年	27 898	10.63%
2015 年	38 773	12.88%

（以上数据中，各年社会消费零售总额、2008 年以及之后的网络零售总额，均来自网络公开数据，但 2005~2007 年的网络零售总额在网络公开数据中难以查证，表中数据是按照“从 2003~2011 年，中国网络零售市场的平均增长速度是 120%”[①] 推导所得）

这张表格是 10 年以来网络零售总额以及网络零售在全社会消费品零售总额中的占比统计。把这两组数据画成折线图，我们可以更清楚地看到趋势。

上述数据中有小部分是由公开数据及相关研究结果推导得出，但我们仍可以从中看到趋势。在 2008 年之前，虽然网络零售本身发展得较快，但是在社会消费品零售当中所占的比例还不到 1%，2008 年之后，这两条曲线都表现出了比前几年更加疯狂的增长率。站在今天反观历史，我们大概可以判断出，2008 年是网购真正从“一小部分人的新鲜玩意儿”走向大众的拐点，就是在这个时间点上，网购开始真正走进我们的日常生活。

① 引自中国产业洞察网于 2014 年 7 月 2 日发布的《中国网络零售市场规模增长趋势》。

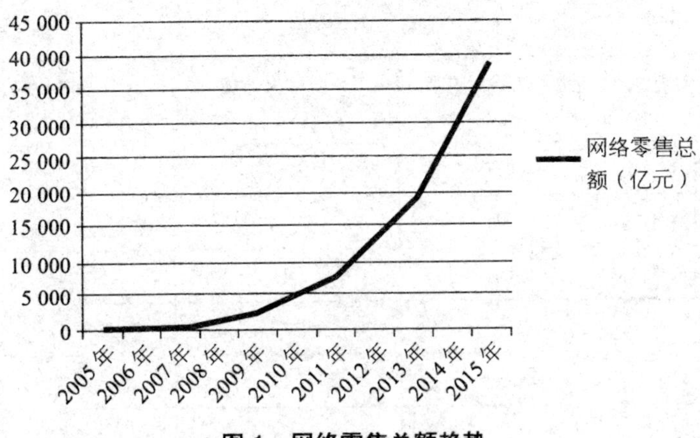

图 1 网络零售总额趋势

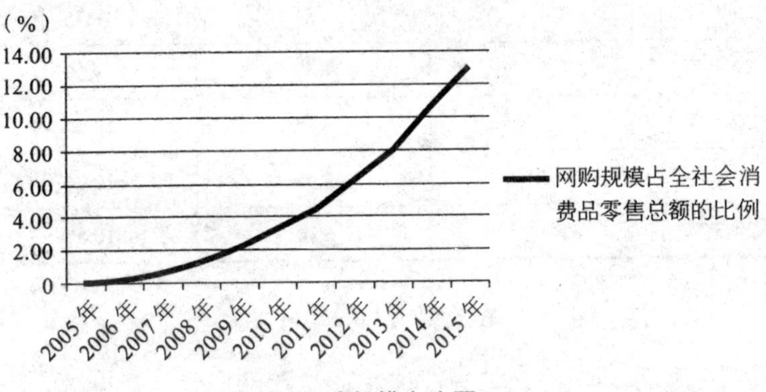

图 2 网购规模占比图

阿里巴巴在当时有没有判断出这个趋势？肯定是有的。让我们来看一下它的判断依据是什么。下面是淘宝注册用户的变化情况、当年的中国网民数量以及对应年份中国 15~65 岁的人口数量。

表2　淘宝网用户数

年份	淘宝网注册用户数（亿）	中国网民数量（亿）	15~64岁人口数（亿）
2003年	0.023	0.79	9.09
2004年	0.04	0.94	9.22
2005年	0.1	1.11	9.42
2006年	0.3	1.37	9.51
2007年	0.53	2.1	9.58
2008年	1	2.98	9.67
2009年	1.4	3.84	9.75
2010年	3.7	4.57	9.99
2011年	查无实据	5.13	10.03
2012年	查无实据	5.64	10.04
2013年	5	6.18	10.06

虽然这三组数据的统计口径有可能存在差异，我们并不能把它们放在一起去计算占比，而且在网络公开数据中未能查实2011年和2012年淘宝的注册用户数，但是把这三组数据放在一起看，我们还是可以大致判断出来，无论是互联网在中国的发展速度，还是网购的发展速度，都是从2008年开始表现出一种非常明显的“快速普及”的姿态。当我们站在2008年这个时间点上，至少可以得到这样的判断：按照这样的速度发展下去，电商在前面五六年所积累下来的势能，将在未来的两到三年得以爆发；假设我们在未来两年没能把握住市场极速扩

张带来的机会，没有用适当的方法解决掉这个过程中出现的各种比前些年更复杂的问题，我们可能就会在瞬间失去所有的优势。

这些趋势和局面，阿里巴巴大概在 2007 年就已经有所判断了吧，于是，2008 年，天猫成立，因为只有天猫可以用品质保障打开更大层面的消费群体。至于组织像双 11 这样大型的购物节，最好的时间当然是在 2009 年，一则，经过一年多的运营，天猫已然拥有了独立组织这种大型活动的能力；二则，这个时间可以顺势把大量正在逐步接受网购的人通过这个大型的购物节带入天猫这个平台，让很多人在一开始就对双 11 和天猫有深刻的印象和明确的好感。

爆发性的活动，可以使我们在竞争中一战锁定战局

早在 1999 年，B2C 就在中国互联网行业中兴起了，但第一批 B2C 业务，概念多过于模式。由于当时投资市场泡沫横飞，很多 B2C 项目被热钱推动而生，但因为和市场的成长规律并不匹配，大多数都在短短的几年内纷纷倒闭。2004 年起，以细分市场为业务目标的 B2C 开始经历复苏。当时标志性的事件就是亚马逊收购了卓越网，行业内通常认为，这说明资本仍然持续看好中国网购市场的未来，但各种投资方也开始回归理性，一方面从盲目的投入转变成侧重于资本和资源的整合，另一方面更愿意把耐心给予有核心竞争力的 B2C 业务。B2C 真

正进入高速发展，是从2008年开始的。可能真的和2008年的全球金融危机有关，由于国内网络零售正在以一种蓬勃的姿态向前发展，在电商所能覆盖到的领域，金融危机的影响被明显地减弱，而且随着电商和各个行业发展结合得更广、更深，充分利用B2C模式成了很多企业在度过经济寒冬中的重要选择。因此，2008年投资机构对国内电子商务行业的关注度不降反升，其中，B2C行业无论在投资案例数量，还是在投资金额上，都呈快速增长趋势。2008年，凡客、麦考林分别获得2 000万美元和8 000万美元的资本注入。2009年1月，京东获得来自今日资本、雄牛资本以及亚洲著名投资银行家梁伯韬先生私人公司共计2 100万美元的联合注资。第二拨B2C的投资热潮到来，同时，B2C行业也开始了真正的竞争和厮杀。

2009年前后，网上最全的B2C名录中，登记在案的网站有超过200家。既有跨品类以平台模式经营的B2C，也有专注于某个细分市场全部商品自营的B2C，总共20多个类别，几乎遍布各个行业。那些曾在名录上出现过，今天仍健在的“成功者”不到原来的一半，可见当时的竞争确实激烈。

也就是说，天猫当时的外部竞争环境，和淘宝很不一样。天猫从出生那天起就要直面这种大大小小的竞争对手环绕身旁的局面。虽然在众多B2C当中，模式和天猫一样的并没有几家，能达到与天猫类似品类丰富程度和平台规模的，更是没有，但天猫面对的竞争有可能是蚕食性的，在每一个品类上几乎都有人站在那里虎视眈眈，随时想把用户的这部分需求从你的平台上撬走，只要在几个方位上失守，天猫就有可能出现整体性的溃败。

很多人都把天猫的成功归功于淘宝给它带去的流量，就连阿里巴巴内部，也有不少人是这么认为的。我个人对此持相当的保留态度。淘宝为天猫引流，在淘宝站内的搜索结果中把天猫商品放到前排，这确实是事实，但淘宝这么做也是符合淘宝在业务导向上的需求的，淘宝也希望消费者在搜索结果中优先看到商品质量、服务质量相对有明确保障的商品，以此来满足消费者在“保障”方面日益增长的需求。同时，如果天猫没有能够很好地满足被引过去的这部分消费者，天猫应该早就被淘宝从主站内的路径当中踢走了，或者已经成了阿里巴巴那些尝试过又消失掉的众多业务当中的一个了。

当然，来自淘宝源源不断的流量支持，确实是天猫相较于外部竞争者们的一个优势。天猫要做的更多是如何转化，把这些消费者的需求有效地转化成实际消费，把这些习惯于淘宝购物的人转变成天猫的用户。我们前面所说的天猫选择的“消费者心智”非常重要，而且天猫把要为消费者提供品质保障这一点贯彻执行得非常彻底，从招商、商品信息的管理到选择优先展现什么样的商品和商家给消费者，再到如何激励商家不断提升自己的服务，任何一个细节都体现了天猫就是要给消费者确定性较高的网购消费体验。正是这一点，让我们逐渐有了一个认识：至少有一些东西我得上天猫去买吧。让消费者形成这种认识和惯性，是天猫在残酷的B2C竞争中取胜的第一步。

真正让天猫从缠斗中突围的，是双11。双11首先让原来更加熟悉淘宝的用户认识了天猫，感受到了天猫和淘宝的不同，逐渐把以前没有在淘宝转化成网购的现实消费需求放到了天猫；双11让各种外部B2C的用户知道，在天猫，他们能真正实现一站式购齐，不但平时买什么都很方便，在疯狂打折的时候也能想买什么就买什么，这让他们从别的B2C平台迁移过来变得容易而离开很难；双11让更多以前从来没有网购过的消费者开始网购，让他们从双11开始网购，让他们从天猫开始网购，让他们从一开始就习惯于天猫、淘宝这种阿里系大平台的购物路径。最后一点，也是双11最大的贡献，甚至可以说，双11在为天猫打开局面的同时也在为淘宝不断巩固江湖地位。

做一个让天下人都知道的购物节，就是在常规战役之外打一场战略突破战，它不但能让一个商业体在竞争中突出重围，还能让它真正地和对手拉开差距。

即使不可复制，我们还是可以借鉴些什么

虽然我一直在说，双11的成功有着天时、地利，甚至人和的种种客观原因，换一个主体，换一个时间，也许都成就不

了今天的双 11。但天猫所做的种种选择本身，就已经足够我们去深思和借鉴。

首先，如上所述，天猫选择的“消费者心智”是天猫平台得以良性发展的基础，也是双 11 能获得那么多消费者青睐的一个很重要的内在原因。这种选择并不是平白无故做出的，需要对网络消费发展趋势做出超前的判断，对消费者心理进行深入的洞察，同时至少要大概掌握平台切入各个行业时的执行难度。而且，“消费者心智”要被充分地化解到各个模块里面，体现到各种细节当中，否则在平台服务输出到消费者认知的过程中，它所代表的用户价值就一定会大打折扣。

像双 11 一样，选择一个合适的起始时间，是所有商业体都要学习的一件事情。即使我们做对了事情，却选择在一个行业或者一个领域的困顿期甚至下降期进入，我们也很有可能会有事倍功半的遭遇，甚至不得不随着整个行业一起倒退。即使我们找到了一种富有创造力的新方式，甚至找到了一个突破口，也需要等待一个合适的时机，既不能等到大家都冲进来之后，也不能早于大家太多。什么是合适的时间？直到目前，我找到的答案是这样的：当我们觉得做一件事情是有意思或者有价值的，至少我们自己会为它埋单，同时，我们也发现，我们并不需要向大家使劲推销，越来越多的人一听说这个主意就很容易接受，那么就可以大致判断，我们所想的这件事可能是对的，而且时间也接近了。相反，如果你在某个方向上苦苦坚持，用了很大的力气还是收效甚微，这个时候就需要抬头看看这个市场局面，以及时机了。和市场一起成长，才是所有商业体最好的选择。

逆水行舟这种事，适用于探险，不适用于创业。

第三节 “低价”和它的商业逻辑

双11的“全场五折”

双11从第一年开始就打出了“全场五折”的旗号，虽然在具体的执行过程中，落实到每个品牌、每位商家、每件商品上，五折的实现程度始终有着些许偏差，但双11是低价的，是便宜的，几乎已经成了全社会的共识。是“全场五折”给双11注入了这个基因，并且在初期，为双11打开局面带来了很大的帮助。

我们在说天猫选择11月作为档期的原因时说到，我们必须为消费者在这个时间到天猫来购物找到强有力的动因。“全场五折”就是这个原始动因的一部分。这个时间，在天猫买东西，可以比平时或者比去别的地方买，便宜很多。这就使得很多人会把一些购物需求积攒到这个时间去购买，也会使很多人在这个时间临时决定买下更多的东西，因为反正比平时便宜，买了也不亏。“全场五折”所覆盖的品类越多、范围越大，能激发起来的消费动因也就越强。

众所周知，双11壮大的这几年，也是中国网购市场不断扩张、长大的几年，双11在普及网购过程中功不可没，而其中厥功甚伟的恐怕还是要算上“全场五折”，因为它降低了很多人初次尝试网购的门槛。早期，因为看不到实物，因为售后保障环节不成熟，因为商家和商品鱼龙混杂，很多人对网购还是望而却步的。双11把价格放低，天猫把品质和保障做好，这让很多人不但有了网购的冲动，还降低了试错的成本和风险。有很多人的网购经历就是从双11开始的，这里面包括我身边的很多亲朋好友。每一年，从双11预热开始，到整个双11周期过去之后的一段时间内，天猫、淘宝的注册用户数，有在线购买行为的买家数量，都会出现一条斜率很大的增长曲线。

虽然近几年来，天猫反复尝试着在“全场五折”之外，为双11增添更多的外延和内涵，比如“不止五折”什么的，但“五折”这件事情依旧深入人心，并且正是“全场五折”给双11带来了真正像狂欢节一样的整体氛围。如同前面所说，五折让更多的人入场，让大家都能在双11找到买东西的动力。大家买东西的决策过程变得更短，买的东西也越来越多，不只是像平时那样边逛边买，也不只是进场买所需，现在需要的、将来一段时间内需要的，自己需要的、家人需要的，甚至不知道是不是需要的，总之价格有吸引力的，统统被买下。这才是真正的“扫货”。

低价绝对不是唯一的吸引力

2015 年双 11 之前，媒体上曾出现过一些声讨双 11 的声音，其中一条重要的罪状是：“低价竞争”既冲击了实体店，又给网上的销售造成不良的竞争环境。

这条罪状看起来义正辞严，但实际上却并没有什么道理。首先，五折，并不是双 11 发明的，甚至都不是电商发明的。在我长大的城市，早在 90 年代末，银泰商场就做过类似的事情，大概连续有五六年，每年银泰店庆都会推出类似的举措，先是“全场五折”，后来改成“满 1 000 减 500”，再后来又改成“满 1 000 送 500”等等。其次，低价确实对消费者构成了强大的吸引力，但却不是唯一的吸引力。今天，不管在哪一个城市，假设银泰商场继续做类似全场五折的店庆促销，还能再现当年的热闹场面吗？肯定不会。

双 11 比任何一个线下商场的促销活动所能覆盖到的品类和品牌，都要多得多，时至今日，双 11 可以说是全品类的狂欢节。想买什么就可以买什么，买什么都比平时便宜，这对消费者的吸引力比单纯低价要大得多。

与此同时，双 11 扫货更加方便。不用排队，买完之后不用担心怎么拿回家，不用担心来来去去路途中的交通问题，不用耗费体力，甚至不用担心上门安装服务等问题。和在线下买东西相比，手指在手机屏幕上划几下，用鼠标在电脑前点几下，显然更加轻松、简便。

每一年双 11 从预热的时候开始，就会有一系列的互动活动，充支付宝赢现金红包，玩游戏得红包等等，虽然在把这些游戏、互动全部玩儿了个遍之后，拿到的红包总金额也就十几块最多几十块，但大家都玩儿得依然很投入很愉快。我有一个朋友是这么形容的：为什么双 11 抢红包，明明只抢到了 1 块钱，我们却像彩票中了 1 万块那么高兴？我想这和游戏设计本身的趣味性有着密不可分的关系，其实，这和网络游戏里面几个朋友一起组队打怪是一样的，互动性和参与感都很强，试想一下，如果身边的朋友都抽到了红包，你是不是会也想抽到一个红包？如果身边的朋友都没有抽到或者只抽到一块两块，而你却拿到一个 50 块的红包，你会是什么样的心情？

所以，价格低、便宜，确实是双 11 很重要的一个吸引力，但这只是双 11 吸引人的一个方面。打一个比方，便宜和双 11 的关系，就好像女人的外貌对于女人的意义，一个女人的脸蛋和身材，通常决定了男人们是否愿意花时间去了解她的个性和思想，但她的个性和思想决定了男人们会不会一票否决掉她所有靓丽的外在。

低价也不是电商的原罪

直到今天，还有不少人认为网购就是买便宜货，常常会把“便宜”和“假货”，甚至“不正当竞争”联系起来，想当然地认为如果不是这类不正当的原因，低价就无从谈起。

在我们去评论低价的正义性和非正义性之前，应该先去认识它的机理。

价格低是相对的，对比网购和线下购买，网购的低价格是相对于传统零售渠道来说的。那么，我们先来看一下，为什么传统零售渠道的价格相对较高，以及传统零售价格是由哪些部分组成的。如果把商品离开生产工厂的那一刻作为起点，价格的基本构成是这样的：

> 零售价格＝出厂价格＋渠道成本＋渠道利润＋终端零售成本＋终端零售利润

为什么会有这样的价格构成？这是因为传统零售渠道的分布是树状结构的，品牌商必须借由分布于各地的渠道商来到达终端零售商，渠道商必须通过品牌商拿到货源，并通过终端零售来实现和消费者的匹配，而终端零售商在大多数情况下是没有办法绕过渠道商直接向品牌商拿到货源的，单个零售商能实现的销售量相对比较小，因此话语权也很小。

于是，在消费者面前的价格，就是经过了一层层成本和利

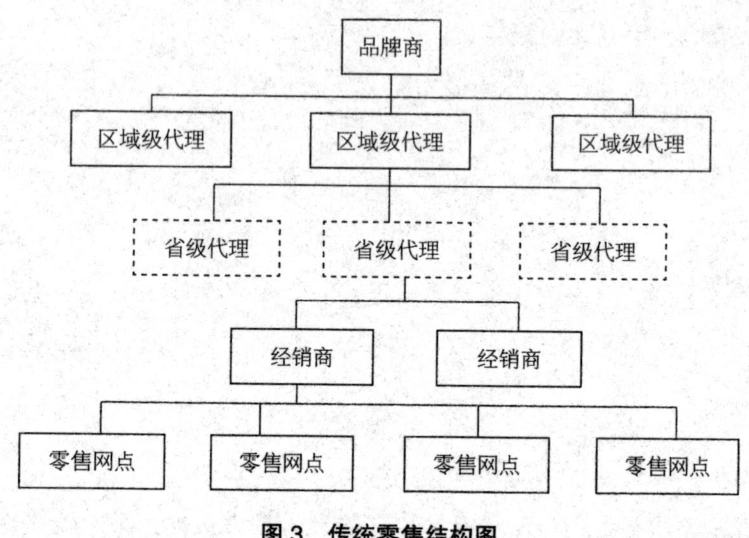

图 3　传统零售结构图

润叠加之后的价格。我们当然没必要把这一层层的叠加看成是对消费者的“剥削”，因为在传统零售模式下，商品到达消费者的过程，确实需要这样一层层匹配的过程，中间做出过贡献的人都需要从中获得收益，可以说，在相当长的商业发展过程里，我们确实需要为这种匹配方式埋单。

网上零售改变了什么？互联网让每个主体的权利变得平等了，变得完全一样了，也就是说，上图中，能拿到货的每一个主体（包括原来看起来在终点的个人）都可以成为零售主体。

假设有一个个人零售商，能直接从厂商出口处拿到货源，并且他不再组织线下的销售渠道，而是直接在网上打开销路，那么，他所出售的价格就一定比同样一件商品经由传统路径下达到消费者面前时出现的价格要低，或者更准确地来说，有更大的降价空间。因为原来被中间渠道商消耗掉的成本和拿走的利润，全部被释放了出来，这部分可以被市场进行再分配，一部分被分配给了进行网络销售的主体，另一部分则被让利给了消费者，于是就形成了我们看到的“低价”。

可以说，阿里系的电商平台业务，之所以会成功，就是因为其站在了中国传统零售业不发达不健全的时代，吃准了两块红利：一块是网民爆发型的增长，尤其是网购人群爆发增长带来的所谓“人口红利”；另一块就是上述公式里提到的渠道成本和渠道利润，淘宝、天猫拿来补贴了对消费者的优惠、商家利润和阿里系平台的收入。

站在传统零售业的角度来理解这件事情，好像确实有点儿不公平，因为这并不是在同一个方法体系下的竞争。但是站在消费者的角度，肯定是有利的，对每一个普通消费而言，有什么能比价廉物美的价值更大呢？

所以，关于“低价”这件事，与其把它理解成片面的价格竞争，不如把它理解成零售时代的更迭。

免费真的是互联网铁律吗？

不知道是谁总结的，说互联网业务有一条铁律，叫作“免费”。大致的意思是，很多成功的互联网业务模式都是先通过免费提供服务的方式把用户吸引进来，等到用户养成使用习惯之后，再管用户要钱的。

我们来看看这条铁律到底有多“铁”。

很多人说到免费铁律的时候，都会拿淘宝、天猫当年让商家免费开店举例子，并且也有不少人把当年淘宝打败易趣的原因归功于淘宝让卖家免费开店。先不说淘宝打败易趣这件事情有着诸多的原因，单说免费开店这一点本身就是经不起推敲的。免费还是不免费，对用户的吸引力到底有多大，取决于免费对应的价值有多大，也就是用户不用付费就可以得到多大的利益，或者这个利益的必须性有多高。我们举个可能不那么恰当的例子，两个公共厕所，一个提供免费的厕纸，一个免费提供洗手以后用的烘干机，哪一个“免费”对用户来说更有价值？当然是厕纸，因为它的用途更直接更实际。2003 年时，大多数人并不知道在网上开一家店的价值有多大，整个市场里也没有参照物，即使免费，大家也不知道自己究竟得到了多少优惠，所以又何来强大的吸引力之说呢？如果非要说淘宝的成功是因为免费让卖家们来开店，那也并不是因为淘宝相对于易趣来说是免费的，而是相对于在线下开一家门店来说，开淘宝店的成本要小很多很多。

而且，在天猫开店，早就已经不是免费的了，为什么还是有那么多商家入驻天猫？如果今天再有一个类似于天猫这样的 B2C 平台，让所有的商家免费来开店，是不是就能像淘宝打败易趣那样把用户抢走？按照铁律的说法，应该是可以的，否则何以堪称铁律。但大家都应该清楚地知道，单凭这一点，恐怕是没有机会打败天猫的。那是因为天猫作为交易平台，不仅集中了大量的消费者购买力，而且拥有着至今仍然在健康地正向地发展着的平台机制和平台保障，这种平台运行机制以及其为商家提供的良性环境，对商家来说，比免费开店有着更大的价值。

今天很多人在做一项创新业务时，仍然偏好以低价、免费、发红包等补贴用户的方式来吸引用户、打开市场，并且想要通过这种方式杀入某一条赛道里，甚至企图以此获得一种看起来像那么回事的竞争优势。然而，执着于用免费、低价的方式获取用户，忘记为用户提供核心价值，忘记修炼内功的它们，往往只会得到两种结局：要么被更低价的竞争对手挤走，要么长期依靠“低价”给自己续命，久久徘徊在只能拉到一些用户但找不到良性商业模式的漩涡当中，很难找到出路。

所谓的铁律往往都是看客总结的。真正走到商业路径当中来的人，或许都能明白，没有什么事是那么简单那么绝对的。

我们说好了要讲一讲跟商业本质有关的逻辑，那么我们不妨来尝试讨论一下，看似最违背商业本质的“免费”，和商业的本质之间究竟有着怎样的实质关系。

如前面所说的，在淘宝上开一家店看似是免费的（天猫今天对商家的开店收费依然存在退免规则），但淘宝和天猫都在背后为商家的开店环境、技术条件以及有利于所有商家的平台商业策略，做着大量的工作，这些工作为商家们带来了十分重要的价值，从价值交换的商业本质上来说，这些价值都不应该是免费的。没错，其实都不是。当商家们在淘宝、天猫上开店和进行商业经营时，这些价值便转化成了一笔“应收账款”，这些应收账款在恰当的时间和节点上，就会自然地转化为对价，作为交换，回馈给平台。平台内的广告，被人们称之为流量买卖，就是一种转化；除了普通店铺的一般功能，一些额外的模块和额外的功能是收费的，这也是一种转化。

为什么说上述两种收益是由“免费”转化而来的？我们可以看到，“免费”开店成了天猫、淘宝平台上所有商业价值流动环节中一个十分重要的节点，这个节点就是平台能汇集众多消费者的重要原因，并能给整个链条带来更大的实际收益。这也使得在这个链条当中，因为这个节点所散发的效益而获得更多利益的人（也就是商家），愿意在别的节点上为“免费”埋单。如同大家都知道的“羊毛出在羊身上”，商业是一条流动的价值链，没有价值，没有价值流动的“免费”，就只是噱头。

即使有完整的价值链条，免费本身也是不够的，对用户来说，免费对应的服务也必须有价值，否则没有人会在意你是不是免费。最后，无论是免费还是低价，这个节点就是作为流量入口存在的，流量入口很重要，因为它可以是一切的起点，但却绝不能是唯一的要素。当流量进来之后，我们必须带领它们进入一个更宽广的场景，提供更大的价值，只有完成了这一步的转化，才有可能形成真正成立的商业模型。

第四节 双 11 到底哪里做得好

以上，我从个人的认知范围，基本上算是把双 11 的“天时地利”分析完了，我们该来说点儿实际的了。把双 11 做得如此成功，天猫到底做了些什么？

怎么做到让所有商品都便宜

便宜，全品类的便宜，这一点对于消费者的吸引力，前面已经反复强调，这里就不再多说，只再说一点，要做到让商家们保持步调一致，在同一天都给出便宜的价格，是一件执行难度非常非常高的事情。之前，大家有在网上讨论，一些商家在双 11 之前把商品单价调高，双 11 当天再打折，这种情况确实存在，而且并非个别现象。试想，如果要通过严格监控的方式去管理商品打折，天猫商品总数近亿件，要找到每一件商品的标准市场价几乎是不可能的，要使用技术方法限制商品随意改动价格，也是不合理的（有太多品类的商品，价格随时出现波动，都是顺应现实做出的合理调整）。即使强制商家们按照承诺的折扣修改商品价格，也不能保证所有商家在供货数量、如实发货、售后等方面不打折扣。

但天猫基本上做到了让商家们在同一天让利消费者。诀窍就是，用有效的市场竞争机制激励商家让利，同时给予商家自由空间，让它们自行组织活动的力度。最初，天猫要求商家全部五折，但很快就遇到了贯彻障碍，经过调整，发现不如在活动规则方面对商家只规定大概的范围，打多少折，多少商品打折，让每个商家自己决定。平台则在预热期通过一定的展现方式把商家的优惠商品和优惠活动充分地展现给消费者，最后在当天的活动页面，哪个商家哪款商品可以占据比较好的展示位，哪个商家最后能获得较多的流量，全凭商家们各自的优惠力度和活动吸引力。在这种机制的催化下，商家们自己定义的打折力度、优惠方式和活动玩法，往往能变化出比平台统一规定更多的惊喜。

在不同的阶段，吸引不同的群体

双 11 每年都要做，伴随着电商行业发展过程中时时变化的环境，天猫非常清楚，每个阶段，它需要重点击穿的用户群体，是不一样的。比如，最开始的一两年，双 11 最重要的是把原来习惯于淘宝的用户吸引过来，因此，天猫把预热的活动页面安排到了淘宝首页，让整个淘宝都披上了节日的盛装，让每一个打开淘宝页面的消费者都不可能忽略掉这个新的活动。从第二年开始，天猫意识到，想要把双 11 做大，就必须突破淘宝已经基本覆盖的“一二线城市、年轻男女”这个网购密集人群的界限，让更多人进入网购大门，这才是双 11 未来的机会。当然，这个时候“更多的人”主要是指在城市里还没有怎么网购过，但身边已经有人在网购的人们，如此，便可以借助辐射性的带动效应，让双 11 拥有更多的消费者。于是，双 11 在地铁站、公交车站、办公楼的电梯里，成了随处可见的一种存在。到了 2015 年，还有多少生活在城市里的年轻人没有用天猫、淘宝网购过？我们提这个问题的时候，甚至可以把“年轻”二字删去。此时，双 11 必须走向更广阔的空间。比如，通过 2015 年 11 月之前阿里巴巴已经在全国各地建立起来的上千个村级代购点，向中国农村消费者普及已经让城里人疯狂的双 11；比如，通过和湖南卫视合作的双 11 晚会，让全中国还不知道双 11 的人一同卷入由已经熟悉双 11 的人们所营造的气氛当中，即使你不看湖南卫视，你也避不开由竖在水立方的大屏幕时时刻刻爆发出来的耀眼的成交数据；再比如，通过 2015 年 11 月 11 日早晨在美国纽交所外墙挂起的橙色阿里巴巴 LOGO（标志）和红色天猫双 11 的横幅，以及那专门为双 11 开幕敲响的钟声，全世界都知道了这个来自中国的疯狂的节日，想必，未来的双11，来自境外的商家和来自境外的消费者，会比之前更多更火爆。

每年的双11都是一场盛会

要形成一场盛会，不仅要有足够长的预热期，更要在盛会当天营造出浓厚的整体氛围。

预热期里要做到尽可能把商家和商品的优惠信息有效地传递给消费者，要能不断刺激消费者在双11那天的购物欲望，增强大家对那一天的期待。

预热期有多长，分几个阶段，每个阶段的预热重点是什么，如何有效地吸引消费者在预热期就开始关注双11，并且使他们最终在双11当天形成有效的成交，这几个问题，是每一年双11都必须要解决的重要挑战。经过7年的不断摸索和迭代，天猫显然已经摸索到了规律，并自己形成了一套方法论。

尤其前几年的双11，预热期在不断变长。预热内容从简单的活动页面、热销商品预告，变成了发红包，红包玩法也从一轮变成了好几轮，预热商品则变成了预热热销品牌，给予各个品牌更强的参与感和主动陛。

当然，预热页面的路径设计、页面信息布局，预热活动的玩法和活动逐个上线的节奏，也都是其中非常重要的细节，相互之间也必须进行有效的配合，才能放在一起产生更大的作用。

除了预热之外，双 11 当天，每时每刻都非常重要。要让疯狂采购的热情持续燃烧 24 小时，并不是一件容易的事情。每过一个时点，从总量上来说，消费者的购物需求就会逐渐衰减，大众对双 11 的关注和热情，也会迅速地下降。所以，当天每个时段，都必须要有更吸引消费者的优惠放出，这样做不仅能分散消费者购买完成自己购物需求的时间，也能在每个时段都把一部分人拉回到购物节当中来，只要能把消费者拉回来，就有可能再度激发消费者各种潜在的需求，从而一再激活狂欢式的购物需求。除了优惠之外，天猫还需要有激起更大范围公众注意力的能力。这样不仅能从潜在消费者当中拉来需求和购买，也能塑造一种狂欢的社会氛围，还能扩大双 11 的影响力。而最能激发大众注意力的信息，就是双 11 当天一再出现的惊人成交数据。如果成交数据确实惊人，那么我们就要用最合适的方式，把它发布到全国以及全世界。

用设计营造狂欢节的氛围

购物节的氛围，非常重要。营造得好，它可以带动更多的人入场，可以激发消费者当天更多的消费行为，还可以让购物节在全社会中引发更多的注意力，促使更多的商家和消费者，甚至各种相关服务的供应商，都更愿意参与进来。

我们知道，天猫在站内（淘宝、天猫网站）站外推广和烘托双 11 的过程中，一向都是不遗余力的，如前所述，每一年，双11都会借助与当时发展阶段最契合，同时也是用户覆盖面最广的渠道，打出广告。但推广的实际效果，不仅要看渠道的强弱，也要看那些用于宣传的物料，是否能成功营造出一个欢乐的、盛大的、万众瞩目的节日氛围。

整个双11需要使用大量的设计物料，包括对外发布的广告，淘宝、天猫站内各种页面、资源位（引导流量进入的广告位置），以及天猫提供给商家当天可以在店铺中使用的各种海报、图片、图形、标志，以及文字。我们需要通过不同阶段在不同渠道投放不同的物料，让更多的消费者被双11吸引，并在一定程度上形成持续的关注。所以，设计上要注意的是，实现一定的统一性。要实现统一性，就必须先有一个核心的设计元素，这个元素既要能反应天猫双11的品牌特征，又要有较强的用户识别度，也就是说，要让用户在众多的信息中一眼就能看到你，一眼就能认出你并且记住你。天猫选择了用自己页面的主要颜色“天猫红”作为主色调，用红和白这两种对比强烈、明快的配色来完成主LOGO；把“天猫”的猫头作为元素，用到各种设计和海报里。为了能让用户强烈地感受到天猫和双11的品牌，在元素应用中就要做到重复，重复，再重复，不断地重复。可能就像一些简单粗暴的广告那样，不断重复一样的广告语言，以求给人留下深刻的印象。

前面说过，双11每年都有不同重点的受众人群，每一年的双11在不同的阶段也有着不同的宣传意图。设计则需要根据这些重点和意图形成一定的变化。

2015 年双 11，会场的页面设计分为三个阶段，造势阶段、预热阶段以及正式活动期间。除了运用上面所讲到的贯穿天猫双 11 品牌的设计元素之外，还在造势阶段突出了当年“全球化”的主题，加入各国国旗作为设计元素来配合烘托这一主题的传达；预热期间主要要达到的目的是让消费者对于双 11 当天会打折的商品产生兴趣，因此在预热阶段，除了突出“猫头”之外，还要预热货品；到了正式活动期间，设计在氛围上需要突出的就是狂欢的气氛，要让人有热闹，甚至比热闹更热闹的感觉，于是天猫的设计团队运用了大量的金色。

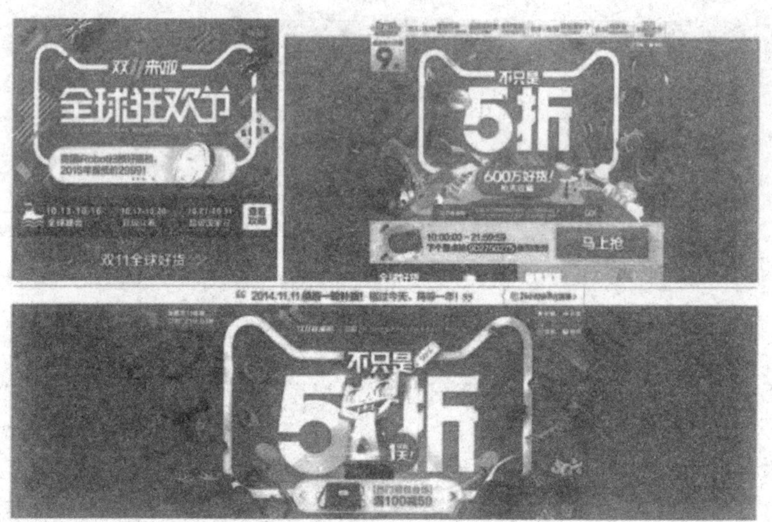

图 4　2015 年双 11 会场

要支撑这样一个大型的活动，需要的网页设计元素在数量上，可以说是非常大的，而且要应对预热期和正式活动期间可能出现的各种问题，设计和创意，需要能够及时填补一些空缺，匹配随时可能调整的货品露出，所以，这个时候就需要形成一个“创意库”。据说，天猫的设计团队会提前做好这个创意库，里面分门别类地存放着各个阶段，对应各种页面需求的创意和设计，这样才能让整个页面实现井然有序，即使出现突发情况，也可以即时替换，保证整个活动依旧能够在良好的氛围当中运行。

创意红包新玩法

除了通过各种传播渠道把双 11 的标签、优惠力度传遍天下，红包也是不断推高节日氛围的一个很重要的工具，或者说介质。从最早的抽奖中红包，到通过页面小游戏得红包，再到充值支付宝抽红包，在互联网的重心迁移到移动端之后，又演变出很多结合手机设备特点又具备传播性的玩法，总之，双 11 红包的玩法每年都不同。但按照今天流行的说法，红包玩法的设计，“必须藏毒”！我讲其中的一个例子，大家应该就能明白红包里究竟藏的是什么“毒”了。

记得应该是 2013 年的双 11，用户们可以通过这样一种方式抽取红包，打开手机淘宝 APP（应用程序）之后，根据页面提示启动手机摄像头，然后对准一张脸，拍下来，系统就会给出一个颜值评分，据说这个颜值评分会影响抽中红包的概率。这种玩法上线后，我们亲眼见到了很多这样的场景：大家先开启自拍模式，测试自己的颜值，然后把摄像头对准身边的小伙伴，测试小伙伴们的颜值。当有人抽中了红包的时候，就会为自己的高颜值感到欣喜，其他小伙伴都冲过去要求这个人为自己抽红包时做出贡献；也有人把自己和身边的人都拍了一遍，为的不仅是争取更多的抽奖机会，还会为系统给出的颜值评分相互打趣。当然，什么颜值评分，什么影响抽中概率，可能都是说笑的，但这种玩法给参与的用户带来的欢乐，却还是比较真实的。所谓的“藏毒”，就是指这种玩法非常具有传播性，拍照的人传给被拍的人，抽中的人传给没抽中或未参与游戏的人，于是，我们看到了这种相互推荐，相互嬉闹的场景，发生在办公室里，发生在饭桌前，发生在闲谈和聚会中……当然，双 11 的节日气氛，也在这种传播和嬉闹中，一点点积累，一点点发酵。

还有一个红包的玩法，不但具有带动效应，还能直接拉动双 11 当天的消费。这种玩法就是给支付宝账户充值，在完成充值的同时获得抽取红包的机会，单次充值满 100 元就会获得一次抽奖机会。这种红包抽奖方式是在支付宝、双 11 覆盖的消费者群体已经相当广泛的基础上产生的，对大多数用户来说，给支付宝充值反正是一件要做的事情，提前充值可以获得抽奖机会，何乐而不为？当身边有人因为一个简单的充值动作抽到红包时，就会有效地带动身边的人去完成同样的动作，在相互比较，高度互动的过程中，大家纷纷一次又一次地往支付宝里充钱。当然充进去的钱，在双11的时候花掉的机会也在变大。

新玩法带来新商机

除了红包的玩法年年翻新之外，购买的过程，也要时时有新的玩法，这样才能不断给用户以新鲜感，要知道，人们原本就喜欢尝试新事物，互联网时代，人们对新事物的渴求程度以及追求新事物的速度，都要比以往高很多。

在交易玩法方面，我举两个最为典型的例子，一个是秒杀，另一个是预售。秒杀的意思是，一件很多人都喜欢的东西，市场价格也比较可观，活动期间某一个时间点，这件东西以超级低的价格（通常是一块钱）上线销售，同时限定只有一件或者几件，用户们谁手快，谁就有可能抢到。预售是指一件商品分两个阶段付款，先付定金再付尾款，如果消费者愿意先付定金，就可以享受到一个比活动期间更优惠的价格。这两种玩法的作用各不相同，秒杀更像是一个市场活动，在短时间内，以巨大的优惠激发大量消费者的关注和兴趣，用非常低的门槛让大家参与进来，同时过程还让大家觉得好玩，让大家意犹未尽，对下一次抱有期待。当年，年轻人追过的iPhone4（苹果手机）、iPad（苹果平板电脑），都曾是秒杀的对象，这种符合潮流所需，又在市场上具有过硬价值的商品，增强了秒杀活动的吸引力。预售则比较适合发布全新的产品，或者对很多人来说还比较陌生的商品，让消费者拥有一种尝鲜感。预售在后面的章节里我们还会讲到，这里就不细讲了。

新品类带来新生气

不仅交易方式经常要有一些变化，参与双 11 的商品品牌、品类、品种，也常常会有一些对于消费者来说非常具有吸引力的新面孔。举几个例子，2013 年，淘宝旅行（如今的“去啊”）第一次参加双 11，给出了一系列优惠力度很大的国内外旅行产品线路，很多产品因为量少价低，在很短的时间内就被一抢而空，34 张“南京汤山一号温泉门票”5 秒被抢空，10 个“杭州千岛湖开源度假村住宿”名额 10 秒卖完。最终，淘宝旅行当年的交易总额为 1.57 亿元，酒店预售 6 万间、机票成交 4 万张。从此以后，双 11 旅行类的优惠，会固定地吸引到一批人参与，之后几年，这类优惠产品做得越来越有吸引力，其中比较经典的就是 2014 年、2015 年连续两年推出的美国自由行。2014 年 11 月 10 日，美国总统奥巴马宣布将中国游客赴美签证的时间延长至 10 年，这极大刺激了消费者对于去美国旅行的热情。2014 年双 11 期间，阿里巴巴旅行平台“去啊”第一次售卖美国自由行产品，从预售到双 11 过半（11 月 11 日中午 12:40），美国、韩国、日本三个目的地的预订就已分别过万件，其中单价为 4 999 元、5 999 元的一系列美国游产品累计预订量超 1 万件，形成“万人游美国”之势。

2013 年还有一个分会场也是首次登场，并同样在后来成为拥有固定受众，能够吸引越来越多客户的特色品类，那就是理财分会场，出售的主要是各种保险以及理财产品。这些理财产品的门槛为 1 000 元，购买金额低，预期收益率又高于同类产品，受到了年轻人的追捧。从人群购买特点来看，有接近一半的交易来自 26~32 岁的用户。当年，理财产品总成交金额达到 9.08 亿元。其中，国华人寿官方旗舰店的总成交金额为 5.31 亿元；易方达基金官方旗舰店的总成交金额为 2.11 亿元；生命人寿官方旗舰店则共计售出 1.01 亿元的理财产品。

再比如，2014 年美国的超市品牌 Costco（好市多）于双 11 之前一个月入驻天猫，继而在双 11 推出了 Kirkland（柯克兰）综合坚果和蔓越莓干等一些在普通中国消费者眼中尚算比较新鲜的产品。谁也没想到的是，最终，这两款产品让中国消费者在一夜之间知道了这个之前并不熟悉的美国超市品牌，Kirkland 综合坚果最终销售出 10 万罐，重达 90 吨，蔓越莓干最终销售出 14 万包，这两款产品在 2015 年双 11 期间持续受到消费者的喜爱，成为真正的明星产品。

一些时候，这些有新意的玩法可以相互结合，从而产生更大的效应。比如，刚才所说的旅行产品和理财产品，在一开始登陆双 11 的时候，都是以“预售”的姿态出现的，这么做，既让这两个在双 11 出现的新品类得到了充分的预热，并通过“预售”给消费者留下了“难得卖那么低的价格或者卖的都是新鲜货”的深刻印象。

第二章

双 11 背后的平台体系

第一节　平台给双 11 带来了什么

将来，会有两个类型的企业能通过获取大量用户的长期青睐，而保持长时间的生命力，并最终在商业市场当中获得不俗的成绩。一类企业向用户提供工具，或在生活中使用，或在工作中使用，对不同的群体及其在不同的场景中，提供拥有不同实效的工具，工具的用途和功能越接近人的日常必须，就会被越多的人所使用。另一类企业则向用户提供平台，通过平台建设来承载一些商业模式，同时向用户提供一种具有确定性的服务，通过服务一部分用户，使其为另一部分用户服务，最后通过"服务反馈服务"的方法使用户产生路径依赖。

前者，如 QQ（腾讯公司的一款即时通讯工具）、微信，它们针对人们的通讯需求，并随着互联网设备的更新，解决了人们要求通讯速度越来越快、越来越及时，联系和交流层面越来越广阔的需求。由于QQ和微信所解决的问题具有普适性，这两个工具几乎为国内所有的互联网用户所使用。

当我们说到平台，就必然要说到阿里巴巴，事实上，阿里巴巴所经营的电商业务，确实是典型的平台型业务模式。也有人把天猫、淘宝比作商业地产，确实，两者在商业模式上存在很多相似之处，都向商家提供类似空间、水、电等开店的基础配套设施，以及利于购物的整体环境等服务，并与商家共享因地理位置和商场整体吸引力所带来的购物人流，通过收取商业地租或者交易佣金来实现盈利，也希望借助内部所有商家的共同发展来实现平台自身的不断增值。

互联网平台和传统零售商业地产之间最大的区别是，互联网平台拥有更强的延展性，向商家们所提供的服务，其内涵与外延都要更为丰富和复杂。

前文中提到的，每一年找一个固定的时间，做一场集中的打折促销活动，把它做成有节庆意义的购物节，就是由线下的这些大型购物商场发明的。但是，在有了互联网，有了网购之后，线下的这些打折活动，已经不能再像从前那样在城市里激起四面八方汹涌而来的人流了。除了我们前文所提到的，因网购的丰富性和便利性，给线下零售带来的整体上的冲击之外，互联网平台在其中所起到的作用也是不可被忽视的。

我来解释一下所谓互联网平台的关键作用。

为什么我们总提网络经济的基础配套设施

2012 年双 11 过后，快递爆仓，部分商家为双 ll 备的货没有得到有效的转化，这些事情让不少人开始质疑这种全民疯狂的网购热潮，有人甚至认为，双 11 给商家、给社会服务体系带来了不必要的压力，应该停止。

任何时候，质疑的声音都是有必要的。尤其是在双 11 诞生 7 年之际，比起马云说的阿里巴巴要成为一家 102 年的公司来说，它现在还是一个新生儿。否定之否定规律告诉我们，事物的变化发展是波浪式前进、螺旋式上升的过程，作为新生事物的双 11，在发展过程中，面临问题甚至障碍，都是非常正常的。当然，这并不表示，所有遇到的问题都可以被忽略，不值得被讨论和解决。首先，我们得经由这些问题所表露出来的现象，分析这些问题之所以发生的更深层次的原因。

要找到原因并不困难。我们以物流问题为例。试想，传统零售模式通常是通过区域代理层层下达才最终到达消费者的，所以与之配套的物流货运大致是以一种批量式集中运输、树状结构展开的方式进行的，每下沉一级，减少的货运量却不止一个级别，同时，配套设施也较上一级落后或者缺失。在网购出现的早期，单件包裹，以点对点的方式进行运输配送，其数量和规模与传统零售的集中货运相比仍占少数，所形成的网络还比较稀疏，那个时候，我们可以把点对点形成的配送网络看成是对原有社会物流体系的一个补充。

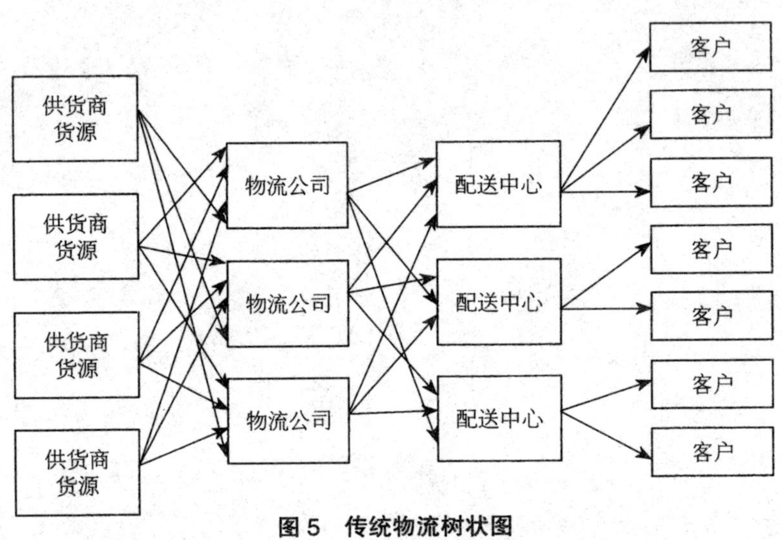

图 5　传统物流树状图

但当网购在人们日常消费中所占的比例越来越重时，网购的交易规模在社会总体零售规模当中所占的份额也越来越高，上述点对点的货运链路越来越密集。这个时候，我们不能再把网购视为零售经济的“补充”，当然也不能把因网购而产生的网状的物流需求视为负担。

原来的物流体系不能承载大量的网购需求，主要是因为网购所需要的物流体系是网状的，而原来的物流体系主要是树状的，当网状的需求在经过量变达到质变之后，原来的社会物流体系也无法再通过自发调度自己的剩余力量来匹配需求了，因

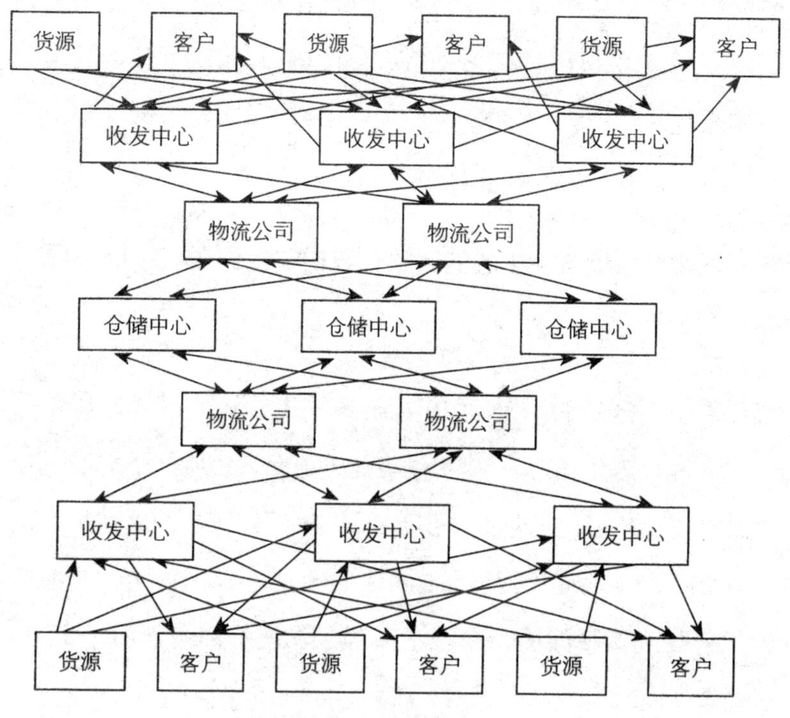

图 6　现在的物流网状图

此就出现了我们之前提到的“爆仓”，出现了服务需求和供应之间的断裂。一种经济形态的实现，需要与之相配套的基础设施作为支撑，如同前面我们提到的传统零售有树状的物流体系与之相适应，当网购的规模大到我们足以称之为一种经济形态的时候，它也需要新型的物流体系与之匹配。而新型基础设施建设能带来的好处是，一旦需求得以匹配，因之得以提升的流通和交易效率，最终也会给我们带来十分丰厚的回报。

2015 年的双 11 就是在新型物流体系得到初步建设之后所

体现出来的一次爆发，可以毫不夸张地说，这种体系性的基础设施建设如果得以持续有效地推进，那么双11的交易规模即使出现超乎想象力的爆发，至少在货运服务配套方面，也依然可以得到充分的支撑和保障。

当我们说互联网商业生态的时候，我们在说什么

阿里巴巴有一个在天猫、淘宝平台主体电商商品交易业务之外的业务模块，自从2010年开放以来，它一直处于每年翻一番的增长态势当中，2014年该业务交易平台所产生的经济效益达到了30多亿。这个业务模块就是“淘女郎”，也就是专门为天猫、淘宝的商家提供平面模特的业务，这里的卖家是模特经纪公司或者平面模特自己，天猫、淘宝的商家则成了买家。

在讲这个业务模块和平台的“开放性”关系之前，我们先来讲两个耳熟能详的故事。

19世纪中叶，美国加州传来发现金矿的消息。许多人认为这是一个千载难逢的发财机会，于是趋之若鹜。17岁的小农夫亚默尔也加入了这支庞大的淘金队伍。他同大家一样，历尽千辛万苦，赶到加州。淘金梦是美丽的，做这种梦的人很多，而且还有越来越多的人蜂拥而至，一时间，加州遍地都是淘金者，金子自然也就越来越难淘。不但金子难淘，而且生活也越来越艰苦。当地气候干燥，水源奇缺，许多不幸的淘金者不但未能圆致富梦，反而丧身此处。小亚默尔经过一段时间的

努力，和大多数人一样，没有发现黄金，反而被饥渴折磨得半死。一天，望着水袋中仅剩的一点点舍不得喝的水，听着周围人对缺水的抱怨，亚默尔突发奇想：淘金的希望太渺茫了，还不如卖水呢。于是亚默尔毅然放弃淘金，将手中原本用于挖金矿的工具换成了挖水渠的工具，从远方将河水引入水池，用细沙过滤，成为清凉可口的饮用水。然后将水装进桶里，挑到山谷一壶一壶地卖给淘金者。结果，大多数淘金者都空手而归，而亚默尔却在很短的时间依靠出售几乎无成本的水，赚到了 6000 美元，这在当时可是一笔巨额财富。

另一个故事讲的其实也是同一件事情。在当年美国西部的淘金热中，那些没日没夜找金矿、挖金矿的人没有几个暴富的，可是一个叫布瑞南的人赚到比任何一个淘金者都多的钱：布瑞南是靠卖铁锹发的财。整个淘金潮中，布瑞南始终没挖过一锹的沙子。

上学的时候，经济学老师反复讲到这个“金矿边卖水人”的故事，并且多次强调，在一个热点出现的时候，我们未必要去追逐那个热点，而是可以靠提供稳赚不赔的服务来做生意，这可能是更加靠谱的商业盈利模式。

这当然是有道理的，但这是从“卖水人”个体的角度来理解的，我们也可以试试从另一个角度来理解。淘金，这件事情是当时人们到加州去做的主要生意，但围绕着这门生意，自然而然会衍生出一系列配套需求，比如故事中提到的，淘金者对生产工具的需求，淘金者的生存生活所需；再比如故事中没有提到的，黄金的运输需求，黄金的鉴定需求等等。集中在淘金产业当中的人越多，大家对“卖水”服务的需求也就越发旺盛。而这些“卖水”服务本身也是需要有专门的人，进行专业的建设，通过专业的转化，最终实现出来的，“卖水”的主人公在故事中很好地向我们诠释了专业这件事情。周边兴起种类越多的配套服务，这些服务就越是能够获得有效的商业回报继而生存并得到发展，整个产业就越能形成一种良性的共同生长模式。也许淘金这个例子在这一点上并不是特别理想，因为淘金受黄金矿藏量的大小、可发掘难度等客观条件影响太大，其共生的形态可能会受到这些条件的限制，但道理还是相通的。

这两个淘金故事和互联网平台有何关系呢？这么说吧，天猫、淘宝作为平台，所支撑的主体业务是电商商品交易，基于这条简单的线上交易链条，却可以衍生出非常非常多的“卖水”服务，刚刚提到的“淘女郎”，就是众多的“卖水”服务之一。阿里巴巴对内对外，习惯于把这种共生形态叫作商业生态，但其实，所谓的商业生态，并不发端于互联网，在很多传统产业里，也有着类似的商业生态。比如，2016 年 1 月，我随曾鸣教授团队去江西景德镇调研，发现景德镇围绕着制瓷形成了有明确分工和完整配套链条的生态，而且，这种生态最早可追溯到明末清初，实在是由来已久。

“淘女郎”原本和淘金衍生出的卖水、景德镇制瓷衍生出的铁匠铺利坯刀之间，在原理和实际效能方面都是没有实质区别的。但在阿里巴巴的平台上，“淘女郎”们一边为商家们提供着平面拍摄服务，另一边也需要能够提供数据采集、分析和应用的服务商为自己提供服务，帮助分析出自己所适合的店铺或者品牌类型，以及过往为商家店铺所贡献的转化率等相关数据，以便和商家之间形成更快速、高效并且准确的匹配。当“淘女郎”又和同样也是由交易平台衍生出来的数据服务产生紧密有效的强关联时，互联网平台就开始显现出它“网状”的一面。

逐渐地，商家和为商家提供店铺装修服务、数据服务等一系列服务的供应商之间，就形成了一种任何两点之间都彼此需要的关系，相互连接之后都能比之前发挥更大的价值或者获得更高的效率。买和卖，不再是孤立的两个大节点，任何在买卖过程中做出过贡献的人，都可以成为其中的一个节点，节点之间也不再像以前那样有着主次之分，只有在彼此连接的参与度当中是否广泛和稳固的区别。最终，我们会看到各种不同类型节点之间强大的相互关联，成为一个有着自行运转能力的网状结构，并不需要谁来主导或者谁来推动，一切在自发的过程中完成，并形成相互促进、共同发展的状态。

从数据上看，每一年双 11 到来之前，阿里系的大部分供应商市场，都会出现大幅增长。商家们为更好地准备双 11，就会产生更多的相关服务需求，反过来说，在某个专业领域，有更专业的人来提供协助，也有利于商家们在双11当中取得成功。2015年双11之前，阿里巴巴开放了一个平台入口叫作“御膳房”，专门开放数据接口以接入数据服务商来为众多商家提供数据支持，“御膳房”一上线，就受到了众多品牌商的认可，其中知名的男装品牌劲霸，通过和“御膳房”数据供应商的合作，在2015年双11期间将自己的交易转化率提升了两倍多。

平台最重要的工作是形成一种能促进商业良性发展的机制

先讲一个反面案例。

我目前所在的文化影视行业，前些年诞生了一种视频形式，因为主要是通过视频网站来触达普通观众，所以大家管这种东西叫“网络大电影”。但由于目前观众在网络端和线下院线的消费习惯仍有差异，视频网络平台又尚未找到一种既能实现优质内容浮出且能和观众进行有效匹配的方式，导致网络大电影在网络端的收入普遍不高，当然更没法和电影在院线当中可能获得的票房收入相比，于是想在网络渠道当中获得展示机会又想赚到钱的制片方们，都在想如何把网络大电影的制作成本缩减下来，用控制供应链成本的方式来控制市场风险。同时，因为平台没有更好的匹配模式，因此制片方就在内容上各出奇招，把片名和前几分钟做得足够博人眼球，能激发人在短时间内的好奇心，以此作为市场策略以求获得更多的点击和收入。几年下来，各个网络视频平台的网络大电影都出现了同样的一种状况，大量的“标题党”，以及大量内容质量偏低的影视作品，这让观众逐渐对这类内容感到失望，也越发不愿意为之付费，制片方的风险也就越来越高，以致愿意在制作上做的投入更少。偶尔有制作精良的网络大电影项目，平台却不太敢接，它们也担心这样的内容最终浮现不出来，在和其他标题党们的竞争中吃亏。

这就是典型的柠檬市场，会出现劣币驱逐良币的结果。我们也可以看到，如果一直以这种方式持续下去，平台方不做出及时有效的调整，观众良好的付费习惯，就将一直不能被培养起来，最终这块市场便会走向衰落，被边缘化。

平台型互联网企业，基本都是在看中了一个市场机遇之后，把人们召集到平台上来和平台企业一起经营这块市场，快速吃下红利，实现共同增长的。如果要达成“共同成长，共同占领市场”这个结果，那么摆在平台企业面前，不得不解决的问题就是：应该召集什么样的人进来？给他们提供什么样的服务？平台如何保证这些人会以符合大家共同利益的方向为方向，以大家共同追求的那个结果为结果？

所谓平台机制，就是平台企业针对上述问题给出的解答和方法。如果方法是恰当的并且有良好导向的，那么大家所谋求的共同发展，就有可能会呈现出一个整体上快速向前发展的态势，反之，则会出现像网络大电影这种状况。机制的设计、执行、结果反馈以及良性互动，是一个需要前后贯通且必须形成体系化运作的复杂过程，平台建设的难度，其实主要就体现在这种机制建设和机制迭代的过程中。有一些企业也考虑到要用机制去规范商家，但向市场提供一个可控性、确定性非常高的服务是非常困难的，于是选择亲力亲为，自主介入市场的运营、服务，甚至是供应链的搭建。

也不能说阿里巴巴在平台机制建设方面做得非常好，在天猫的发展过程中，曾经出现过几次部分商家对天猫所公布的新规则不理解的情况，虽然天猫所做的机制调整，一般都是为顺应网购市场的变化、消费者需求的提升，而做出的。其中比较典型的是 2011 年双 11 之前，天猫（当时的淘宝商城）由于发布新规，将每年技术服务费由 6 000 元上涨至 3 万元和 6 万元两个档次，并增设保证金，最高达到 15 万元，而引起了商家们的不满，甚至有人联合起来对一些大品牌商进行恶意差评，以此扰乱竞争对手的正常经营以及天猫平台的市场环境。

我们就不讲天猫平息这场风波的过程了，尽管因为事发时间紧贴着双 11，当时确实有点儿惊险。在这里只说平台机制建设当中最需要注意的几点，希望对大家有所启发。

对整个平台存在的根本，对整体的市场环境破坏性极大的东西，就要用最严格的控制和最严肃的手段，将之打击到底。比如，假货问题。阿里巴巴其实比谁都清楚，如果它不能解决或者至少控制住假货问题，很快就会让消费者对其失去信心，然后快速离开它，使它失去活力的根基。

在众多的平台机制当中，最为重要的是，如何分配平台资源，特别是如何分配平台里的流量。说到这个问题，很多人会关心，平台的分配方式是否公平，其实，如果要对商家进行有效的组织，我们更需要关注的是效率。效率体现在，针对不同的品牌和商品，平台要做的是尽量用更短的路径，让对它们感兴趣的消费者能看到它们，同时也可以把品牌和商品放到更适合自己的场景和跑道当中去竞争。另外，效率也体现在，用一个清晰、简单的衡量标准，来分配机会。双 11 预热期间，所有商品都会按照一定的规律在预热页面上进行展现，谁能获得更多的关注，也就是被收藏或者加入购物车的数量更多，谁就能在双 11 当天的活动中获得更多的机会。这种做法，能促进良性竞争的形成，特别是将这两种促进效率匹配的方式结合在一起使用，能有效地引导消费者不仅仅关注更低的价格，也更多地开始关注自己的偏好以及在商品品质基础上的物美价廉。

如果暂时找不到其他更适合的方式来促进平台商家的良性竞争，那么至少尽量做到这一点：透明。

点开任何一家天猫商家的名片，我们都能看到这样一个页面，页面上展示着商家的所有经营自制信息，店铺在半年内获得的动态评分，与同行业相比，评分是偏高还是偏低，店铺向消费者承诺所提供的服务详情，最近一个月内这些服务的履行情况，以及如果商家的商品服务出了问题，可供对消费者进行赔付的现有店铺保证金为多少。

不知道有大家是否关注过这个页面，披露这些信息，意图实则是告诉消费者，有关商家、商品和服务实时的、真实的情况，以供消费者在交易过程中进行参考和选择。我们应该相信，只要信息充分，每个消费个体都会做出最有利于自己的判断和选择，最终形成一种大家“以脚投票”的状态，促进商家往消费者更喜欢的方向发展。

说了那么多，最后总结一下。就像曾鸣教授所说，2015 年的双 11，已经呈现出“自行运转”的态势，品牌、商家、物流、银行系统等外部合作者，彼此协同，都在朝着共同利益最大化的方向运作。有了这样一种状态，才会产生最终 912 亿这么庞大的交易规模，才会产生如此巨大的社会影响力。双 11 前两年的膨胀式的发展，促进了平台的建设和完善，同时，如前所述，平台的支撑和供给，让双 11 具备了在一个完整的互联网生态中良性运转的条件，并使得双 11 最终能够成为具有世界级影响力的消费狂欢节。

第二节　一个超级平台级应用的建成

网上有消息说，2015 年双 11 过后，物流顺畅，到货时间比往年明显缩短，其中最短的只用了 14 分钟。享受到这一超快到货服务的是北京朝阳区的一位先生，零点刚过，他就在天猫电器城下单购买了某品牌的电视机，支付完成后没过多久，电视机就送到了家里。

这看起来是件神奇的事情，到货的速度简直和到楼下便利店买包烟一样快。事实上，此次买电视机的过程，和在楼下就近的便利店买烟，确实是没什么区别的。

按照以往的理解，我们在网上下单之后，这台电视机会被商家从自己的仓库里搬出来，打包，交给快递公司，贴上单号，进行运输，几天之后，电视机便会到达我们所在的城市，然后再由快递公司分拣派送到距离收货地址最近的投递站点，最后由这个站点的快递师傅为我们送货上门，整个过程即使在非常顺利的情况下也需要大约3~4天。而在双11，几亿件包裹在同一时间产生，如果全部按照惯常的做法，可以想象很多包裹会在途中遭遇拥堵，就像我们每天遭遇的早晚高峰一样，别说14分钟到货，正常3~4天的收货时间也很有可能得不到保障。

北京这位先生买的电视机当然不是按照惯常的方式进行配送的。首先，这台电视机并不是从商家所在地发出的，而是从北京这位先生家附近发出的。当这位先生下单后，商家通过收货地址匹配，发现距离收货地址很近的某个仓库里，有该先生买下的同型号电视机，于是就把收货地址等信息传递给这个仓库要求发货，这个仓库可能正好和这位先生的家只有步行几分钟的距离。其次，这台电视机也不是在这位先生下单购买之后才开始配送的。早在双11预热的时候，当这位先生把要买的电视机放进购物车之后，商家就已经大致知道了哪些型号的电视机在双11能卖出去多少台，还知道分别有哪些地方的买家要买，于是就按照预测，提前把电视机发送到距离买家们最近的仓库，等待买家下单。就好像错峰出行一样，本来同一时间启动，途中注定要撞上的包裹们，提前就在终点站附近准备就绪了。

通过数据来预测某个产品在某片区域的销量，在各个区域、大大小小的仓库数据和信息中建立强关联，提前或者选择在资源匹配最合适、成本最小的时候，把产品发到就近的位置，在派送、分拣和投递的全过程中对包裹进行数据化的实时跟踪，在避免万分之一的错误当中提高整体效率。概括起来，大致上这就是 2015 年双 11 期间，阿里巴巴背后的物流体系所做的事情。这样做等于是把原来集中爆发的快递单量，在时间上做了合理的向前延伸，把短时间内的单量高峰在一个时间段里摊平了，不仅现有的物流体系得到了更充分地运转，还把一些闲置但有效的资源，有机地整合到原来的物流体系中，使得整个体系的能力和效率都得到了提升。

这么做最直观的好处是改善了用户体验，北京朝阳区那位先生在收到电视机的时候，肯定是十分惊喜的，如果能把所有用户的收件体验全部提升到这个水平，当然具有非常大的意义和价值，但更为重要的是，双 11 背后的这套物流体系可以不再需要通过不断增加人手、消耗资源来提升自己的物流能力，即使在资源总量不变的情况下，也能够承载更大量级的服务需求。

于是，短短三年，我们在双 11 的事后服务中，看到了如此天壤之别的结果：在菜鸟物流体系上线之前的 2012 年，包裹总量不足现在的 20%，而快递公司纷纷陷入了“爆仓”的窘境，很多件包裹因为堵塞而没有按时到货。而 2015 年双 11 当天产生的 4.67 亿件包裹，在一周时间内就消化了 70%，顺利得就像双 11 没有来过一样。光说数字我们可能没什么概念，如果以 290mm × 170mm × 190mm 的标准邮政 5 号箱计算，4.67 亿件包裹可以堆满超过 2 700 个标准足球场。

阿里巴巴要做的物流，是一个超大型的平台级应用

回想起来，刚到淘宝工作的时候，常听说，马云多次说过，阿里巴巴是不做物流业务的。2012 年菜鸟成立的时候，内部外部都有人在议论，阿里巴巴是调整了业务方略，还是因为竞争的压力，终于还是做了自己以前最不想做的事。

其实，此物流非彼物流。

我的理解是，早年马云说的不做物流的“物流”是指接单、运输、配送等组成式物流服务，而 2012 年组建的菜鸟所做的物流，既是在为阿里系电商从业者们搭建物流服务平台，也是在为原有的物流服务商们搭建信息共享、资源共享、高效协同的平台。

如上一节我们所说的，平台型的业务会催生一部分基础设施建设的需求，而新型物流配套设施就是网络零售经济发展到一定规模，最需要的基础设施之一。所以，菜鸟其实就是在搭建一个具有基础设施功能，同时又提供基础设施应用以及配套服务的，基于阿里系电商平台产生而又相对独立的新平台。

天网、地网和人网

前面我们说过，互联网平台以及为适应互联网平台所需而形成的基础设施平台，必须具备网状的结构。如果我们单纯讲网状、树状，恐怕大家是不容易形成直观的理解的。那么，就让我们从一个跟红酒有关的故事开始，解释一下这张网。

有一位在网上卖红酒的商家，网店的销售额连续几年一直有所增长，但是有两个问题始终困扰着他。第一个问题是红酒的运输过程难以控制，一则包装容易破损，二则运输过程中难以保证红酒对温度、湿度和避光的要求，品质极有可能被折损。另一个问题是，随着网店生意不断做大，库存量在增加，高端红酒的品种也在增多，一个空间足够大，设备足够专业的专用酒窖呼之欲出，但独立负担这样一个专业仓储空间的成本，对该商家来说一定会形成浪费，明显不够经济。

我们不难发现，如果使用原有的社会物流体系以及配套服务，上述问题很难被解决，批量红酒运输所使用的包装级别相对较高，运输过程相对稳妥，单瓶单件的运输和配送，相对风险较大，原有物流体系不可能使用批量货运的配套来服务单瓶单件的需求。所以这位红酒卖家的问题只能由他自己来解决，要么通过增加销售规模来均摊酒窖成本和运输风险，要么缩减销售规模以避免过大的仓储和运输支出。在这样的情况下，商家的网店经营一定会受到影响，这就是我们之前所说的，因为基础设施不配套带来的影响。

现在我们来看一下双 11 背后的整个物流体系是怎么织起网络的，这个网络又是如何为红酒卖家解决问题的。因为菜鸟目前在阿里巴巴这张网络中占据着主导地位，我们就暂且简称之为菜鸟网络。

第一步，建仓。

仓储可以被视为物流网络的一个物理节点。对于每一个单程的运输连接来说，仓储只是途经的一个站点，但当这些站点被有机地整合在一起之后，它们便可以成为节点，参与网络的自发运转。

让我们回到红酒案例。最不经济的做法是这位商家单独建酒窖，相对比较经济的做法是，把同一地区的相同需求整合到一起，只需要建一个即可。比如这位商家地处上海，通过阿里系的线上交易数据，菜鸟网络可以找到同地区有类似需求的很多商家，把大家需要存的酒都放在一个窖里，这样大家就可以共享空间和专业的设备。专业仓储服务除了提供空间之外，还提供专业的配套服务，比如红酒可能需要按年份存放、按批次分拣，从仓库中提货发出时需要进行专业的包装。商家们还可以共享这些专业的配套服务。

另外还有一种更为经济的做法。

假设这位上海的商家，每个月都有一些红酒要卖到北京，菜鸟可以通过该商家既往的交易数据以及当下买家的购物车、收藏夹数据，预测到一定周期内，该商家的红酒在北京地区的大致销量。然后，菜鸟可以在北京地区找到一个交通便利、条件合适的仓库，把预测到的数据和目的地仓的条件、位置告知商家，商家可以在交易实际发生之前，把酒发往北京。等于将原来的发货过程分成了两段，相对来说，发往北京仓的路途较远，但数量较多、批量较大，而单件运输则集中在北京仓到买家终点这一段，相比以前的单件长途运输，风险相对较小。而且，目的地仓也是同种需求共享式的，一样能做到专业配套和资源集约。对消费者来说，缩短了从下单到收货的时间，服务体验也得到了保证。

可能有人会问，如果北京仓为目的地仓，那么起点在哪里呢？上述两种经济的做法，可以像插件一样按需自由组合，但对于一些商家、一些商品，它们可能只需要一或者只需要二，而对于另一些来说，可能需要先一后二。

我们所说的那位红酒卖家，在真实情况下就是使用了先一后二的方式。他从法国进口了 100 箱红酒，先是放在了上海的保税仓，再通过菜鸟提供的仓储服务体系，把酒提前分别发往北京以及其他地区的目的地仓，最后在买家下单之后由目的地仓进行发货。就这样，这位商家有关建仓和运送过程中的配套问题，才得以最终解决。

建仓，建立仓和仓之间的连接，这就是菜鸟网络中的地网。一部分自建，另一部分引入一些地理位置、仓储条件均合适的仓库。自建仓一般规模较大，品类繁杂，仓内设施完整，配套服务齐全，合作仓中有更多的是类型仓，有专注于某个品类的仓储站点，比如专业酒窖，也可能是专注于提供某种服务的，比如保税仓。本章开头说到14分钟收到电视机的那个案例，最终的发货站点就是一个地网中的合作仓，也许就是就近的一家电视机销售门店和这家门店背后的一个仓库。

我们可以把地网看成是由这些仓库连接起来的交通网络，但如果仅有这些交通位置之间的连接，物流货运服务的运转效率得到提升的程度仍是非常有限的，地网本身的运转，也可能会因为信息传递不畅而时不时发生断裂。

其实“天网”在我们刚刚讲到红酒卖家选择仓库的案例时就已经露了一次脸，是天网对阿里系的交易数据做了计算处理，给出发货量预测结果，才让卖家和快递服务公司能对仓储资源和交通资源做出提前预估和合理配置。天网就是指贯穿物流过程的数据计算和传输网络，一端连接着实时进行中的在线交易，一端连接着所有的物流硬件和配套设施，它可以为整个物流体系赋予自主运转的灵魂。

天网数据不仅是指货运数量预测这种对线上交易数据的应用，还包括以数据化的方式对整个运输过程进行实时记录和跟踪。收寄地点、中间经过的站点、运送步骤和时间、货运物品种类和数量、服务完成结果等这些信息和数据，最佳的搜集点都在运送的过程中，即在对应工作发生的同时，对数据进行记录。但是以前，数据采集在人们的工作中被忽略了，当然即使不被忽略，因为缺乏高效的工具和设备，以及实时采集数据所需的成本过高，也没有人愿意这么做。

一张电子面单和一把扫描枪就把以前的问题解决了。通过电子面单，很多信息被结构化了，成了可以被搜集、规整并且进行运算的数据。比如收件地址中的省、市、街道，电子面单可以快速地对这些信息进行结构化，传递给系统之后进行集成和计算，这对菜鸟网络选择仓点，快递公司选择服务站点，都有非常大的帮助。再比如，面单在运送过程中每一次被扫描，都会被实时记录，作为被服务者个体，可以实时查看到快件投递情况，而当每个站点和时间数据被集成在一起之后，我们就可以充分调度所有的在网资源，对每一个投递需求进行最优化的资源配置。

回到红酒案例上来，天网的数据不但能帮助商家选择合适的数量，先发货到与买家就近的仓点，甚至还可以帮助商家预测自己在未来一段时间内的总体销量，从而更加合理地选择自己的库存数量，以提升周转率。另外，假设一个北京的买家下单购买了一瓶红酒，但北京仓里，这瓶酒已经卖完了，此时商家就需要找到附近有这种酒的最近的其他仓点，假设是在沈阳，商家可以通过天网数据找到当下、此刻，配送能力和配送时间最合适的快递公司，帮助其完成此次从沈阳到北京的投递。哪个仓库里还有货，哪家快递公司可以提供这两点之间最快的快递服务，这都是通过应用面单跟踪所集成的数据可以得到的结果。

商家、买家、快递公司、仓储服务商等所有参与快递服务的人，通过协同合作而形成的网络，就是人网。在新型的物流体系当中，每一个派件需求，都需要三张网联动，整合出一个最优方案来满足，当三张网以相互支撑和相互补充的方式，一起运动起来，就像有了自主的意识一样，才能在面对双11时，整合调度出合理的时间和合理的资源配置，有条不紊地消化掉如此巨大的货运需求。

谁来解决最后一公里的问题

2012年以前，农村的网购占比一直都比较低，2012年第二季度，淘宝农村网购占比只有7.11%。近年以来，占比虽略有提升，但上涨幅度一直不明显，到2014年第一季度也才上涨到9.11%。但2015年双11，来自农村的交易额达到了2.93亿元，还出现了农村居民集体买豪车的情况。短短一年时间内就发生了如此巨大的变化，那么，变化是如何产生的呢？

农村网购一直没有普及，有时代的原因，也有行业的原因。首先，过去的30年是城市化进程不断加快的30年，城市化进程的一个重要结果就是作为劳动力生力军的年轻人，不断地离开乡村去到城市，他们同时也是消费的核心人群，他们组成了前几年互联网网购“红利”的中坚力量，推动了网购在城市里的快速普及，但同时，农村的消费品市场成了被人忽略的高地。其次，和网购流行前的城市相比，农村的电商基础设施更差，建设难度更大。前面我们讲到的菜鸟地网，也只推进到城市，当遇到农村的时候，菜鸟发现，中国真是太大了，随便进一个山，不走上十几里地根本走不出来，四通八达的城市交通网络一到农村就全都消失不见了。人网，更加难。大多数快递公司最末级的服务站点只到县城，没有人进村，单量少、脚程远，门牌号码不好找，成本高回报少，吃力不讨好。第三个比较重要的原因是，在 PC 时代，上网设备的普及程度是以家庭（户）为统计单位的，长期留在农村的，大多数是老人、妇女和孩子，这些人使用 PC 机的频率应该比较低，和互联网的关联程度以及对网购的接受程度也比较低。

然而，把网购普及到农村去，对阿里巴巴来说，确实是具有战略意义的。农村人口是互联网的下一个红利带，这一点已是毋庸置疑，而且移动互联网真正做到了把每个人关联到互联网上，手机屏幕一下子拉近了城乡之间的距离，使得农村和城市没有了本质上的区别。可以说是移动互联网带来了农村红利被引爆的可能，也给电商带去了向农村发展的既迫切又光明的契机。

农村的消费品市场可以说被压抑了很多年，到现在来看，简直有点儿像未被开垦的处女地。一般来说，承载农村消费品零售功能的就是每个村村口的那家小店，这些小店大多只卖些油盐酱醋、香烟等生活必需品，几乎也没有什么可选的品种，比如袜子只卖最普通的棉袜，你要买丝袜就要等到下一次进县城的时候再买。零售商品的短缺，购物太不便捷，这给了电商一个进入农村的绝佳机会，如果电商能给农村消费者带去和城市消费者一样的购物体验，那么电商和农村原有的零售相比，简直就像《三体》里高维打击低维一样，全面占领和全面升级，几乎就是一触即发的。

但是，胜利的前提非常重要，那就是“提供和城市一样的网购体验”，要提供和城市一样的网购体验，像我们前面说的，需要建设与之相适应的基础设施，也就是要解决“最后一公里”的问题。

仔细分析，我们不难发现，“最后一公里”可以拆解为两个部分，一部分是物流基础设施和服务，如何从县一级下沉到村一级；另一部分则是怎么把网购及其各种配套服务带到农村终端消费者的身边，减少他们内心和网购之间的距离。所以，从体系上来说，虽然我们讲到了阿里巴巴的农村战略，但实际上，我们还是在讲菜鸟网络。阿里系的业务就是这样，通过业务场景的延伸，自然而然地带出基础设施的建设，随着基础设施建设的完成，又衍生出新的业务模式和业务形态，但凡此种种，无论是基础设施还是业务形态，都脱离不开交易的本质，任何脱离了实体交易的所谓平台，所谓互联网业务，都是没有根基，没有生命力的。

既然体系还是菜鸟网络的体系，那么就还是菜鸟那套，用铺地网和人网的方式，向农村的最终端展开。

这一次展开的关键是末端地网和人网的结点，应该如何设置，设置在哪里。在拓荒期，农村的快递单量肯定不足以推动快递公司把县一级的末端服务站下沉到村，所以农村的地网末梢建设不能像城市那样，主要依靠快递公司自己来建设。人网和地网的最终结点一定是在村——距离村民最近的地方。既然不能依靠别人，那么也许可以依靠村民自己来解决这个问题。比如村口的那个小店，就可以变成地网的终点仓，而店主也可以为村民直接提供收寄服务，从而参与到人网的协同当中。现在的关键是需要一种机制，激发村民主动把自己连接进网，也就是如果加入人网和地网，他们能得到什么。

阿里巴巴解决这个问题的办法，也非常具有阿里系平台型业务的特征。在每个村选出合适的村民，让他成为“农村合伙人”，使这些人具备向村民推广网购的能力，在他们帮助村民上网下单买东西之后，就可以从中得到交易返点。在这种“村民买得多，我就赚得多”的利益机制作用下，农村合伙人更加积极地向村民推销网上购物，还主动地向大家提供周边服务，比如替村民和商家沟通，替村民申请售后服务，在买衣服前替大家量身高、肩宽、三围大小等等。商家只需支出一点点推广费用，就可以将自己商品的网络销售下沉到农村，村民可以享受到方便快捷的网购服务，同时，阿里系的网购平台也可以在更大范围内覆盖到农村用户。

除了“村点”，地网还在县一级做了部署，阿里巴巴在每一个县都建立了“县点”，作为这个县所辐射范围内所有村点的运营中心。县级运营中心由阿里巴巴自行搭建，实际上承担了物流县级仓储中心、网购用户体验中心、大件商品展示中心以及村点管理服务中心这样4个角色，通过为村民提供商品展示和下单体验服务来拉近村民和网购之间的距离，通过为各个村点提供货运仓储和配送服务，以及管理培训、经营指导来连接县点和村点，最终使得物流服务、售后服务等网购配套服务均能顺畅地从县一级站点贯通到村，让每个村民都能畅通无阻地享受到网购的方便和快捷，从而在基础设施建设和业务推进两个层面，同时解决掉“最后一公里”的问题。

我们说回到双11。在过去的10年里，阿里巴巴改变了很多人的消费习惯，在这个“改变”的过程里，双11起着很关键的作用。在网购的初期，双11的便宜，降低了我们尝试网购的门槛，一旦开始网购，它的实惠、方便甚至是趣味性，便悄无声息、潜移默化地把我们的消费需求拉高了，需求一旦被拉高，就很难再降回去，这就是所谓的“制轮效应”。当更多的人参与进双11后，我们的周围就会形成一种可以相互影响和传染的氛围，这让每个人都能从中获得参与感，也使得双11覆盖到了更大的范围，让更多的人通过双11接触并开始习惯网购。可以说，在过去的几年里，双11在消费者端，起到了网购启蒙的作用。而今天，双 11 在农村，正在发挥着它当年在城市里所起到的作用。

企业案例一：威露士意外的双 11 成绩单

2015 年双 11 活动期间（11 月 11 日~11 月 13 日），威露士通过天猫售出了 180 万套商品，如果将包裹全都连起来的话，高度有 72 万米，相当于 800 座 828 米高的迪拜塔。活动第二天，威露士便完成了订单 80% 的发货，淘宝物流 DSR（店铺的动态评分）高于行业平均约 30%，整体的签收时效平均为 3 天。这一成绩比前一年其依靠自己的物流能力所支撑的业绩要好太多，大大超出了威露士的预期。

2012 年，威露士开始触网。此前，商超等线下渠道是威露士这类日化品销售的首要渠道，但由于传统渠道存在进场费、堆头费、扣点等多种隐形支出，并在电商的冲击下不断推高渠道成本，导致厂商不堪重负，目前威露士已调整渠道策略，降低了对大卖场的依赖，并且逐步从一些商超下架威露士产品，其中威露士已全面退出华润万家和家乐福。

刚开始布局电商渠道的时候，威露士的成绩并不出众，其中，物流成了其在推进业务过程中最头痛的问题。它的物流问题主要集中在两个方面：一方面物流成本过高，另一方面发货周期长，消费者的购物体验容易受到负面的影响。从日化行业的平均数据来看，物流成本占比在20%~30%左右，最多时甚至能达到40%。这里所说的物流成本主要是指用于末端产品派送的快递费用，即从仓库到客户手中的整段物流费用。而在类似双11的大促活动中，物流的消化能力也决定了商家的最终出货量。威露士的自有物流能力最高只能承接不到60万套产品，2014年的双11，整整花了20天的时间才完成发货，事后物流DsR为60%，低于业界平均水平。

2015年，威露士在制定双11的销售策略时，选择了跟菜鸟网络进行合作，除了想通过菜鸟的服务来做到将物流成本集约化之外，也希望菜鸟能帮助威露士提高消化量、提升用户的配送体验。

经过多次沟通后，菜鸟向威露士提供了适用于威露士销售网络的仓储和仓配服务。在确定好销售产品的价格之后，威露士根据往年的产品分销比例，提前备货至菜鸟位于北京、上海、广州、武汉和成都的仓库。这些仓库分别覆盖华北、华东、华南、西南和华中地区，总面积100万平方米。其中，北京仓靠近天津，上海仓靠近嘉兴，而广州的中心仓已经投入使用。

菜鸟在这5个中心仓之外，还与仓储和物流公司以合作共建、租用的方式进行对接。据悉，菜鸟此前还收购了亚马逊位于上海的号称“亚洲最先进”的仓储中心（面积达 10 万平方米），包括后者先进的分拣设备，全部会根据阿里巴巴平台上的品类对仓储做出调整改进。

仓库解决了之后，就要解决仓配以及仓库和负责配送的物流公司之间的对接问题。

据了解，负责威露士仓库的是蜂网和越海两家公司，负责配送的合作公司更多，既有中通这样的快递公司，也有万象这类从事落地配的企业。如果没有衔接好节奏，仓库的快速出货反而会堵塞配送合作伙伴的分拨中心。

这就需要有一个高效率的沟通协调机制来帮助快递公司一起提高效率。威露士通过 2014 年双 11 了解到自身在物流上的不足之后，便将纸质面单全部更换为电子面单，并提前对产品做了打包，不再一件件进行仓内分拣。这样一来，商品出库的速度就加快了。

同时，菜鸟网络所合作的仓配公司在整个仓配过程中，几乎把每一个步骤都精确计算到秒。比如摆放位置，高空货架和地面就对出仓时间有不同影响，离打包区是 10 米还是 7 米对打包的时间也有影响。

2015 年双 11 之前，菜鸟的电子面单就已经被快递公司大规模使用，并且通过大数据路由分单，让仓配和快递公司之间的衔接更加顺畅和及时。快递公司的效率提高了，菜鸟通过机制进行协调时，也能够实时掌握各类突发情况。

威露士在2015年双11中取得的佳绩，和其正确地使用了菜鸟所提供的网络和服务，是密不可分的。尤其是像日化快消品这一类货运成本高、订单进出频发、仓配难度较大的品类，菜鸟所提供的集约式服务能带来的效果十分显著。

第三节　大数据和小应用

有没有想过，互联网技术为什么会给我们的生活带来那么大的变化？

互联网技术其实就是一种信息传递的技术进步，它让信息在人和人之间实现了全球范围内的实时产生、实时共享，让信息传递突破了时空的限制，摆脱了因为传输介质的流动性差而带来的传播障碍，它让我们每个人都能以更快的速度获得更多的信息，同时也打破了原本因为信息壁垒而产生的很多行业门槛。它正在逐渐拉平所有人的机会，因为早晚有一天，所有人将实现面对所有人的愿望。

互联网对信息传播的影响，我们通过写书、出书、写文章这件事的变化，就可以非常直观地看到。

在文字产生之前，人们主要通过两种方式来讲述经验和故事，一种是在各种器皿和洞穴（坟墓）的墙壁上刻刻画画，另一种则是口口相传，但仍有大量的故事，因为当时信息传递的断裂而流失，或者根本无从查找考证。然后文字产生了，但因为把字写下来的成本很高，认字读书是一件非常奢侈的事情，人们根本没有富余的资源和精力用文字的形式来表现故事、传情达意，因此直到人们发明了造纸术和印刷术，才出现各种文学形式，才出现各种类型的图书，后来，随着印刷成本的不断降低，出版业才不断被发展起来。然而，因为信息的生产成本依然较高，传播范围依然有限，所以写书的门槛依旧很高，作家们都要熬很多很多年，写出真正的传世之作，才能通过很长时间的传播，到达喜爱它的读者，才能收回对价。而在网络出现后，上一刻这个世界上某个角落发生的事情，下一刻就有可能被人写出来或者编到故事里去；上一刻写完的东西，往网上一发，下一刻全世界的人们都有可能看到；上一刻刚刚发到网上的文章，下一刻作者就能直观地看到所有人的反馈，知道自己写的东西受不受欢迎。生产的成本变得很低，传播的速度变得很快，这就使得但凡识字，但凡会组织语言的人，都可以敲击键盘写出东西，每个人都有生产信息给别人看的机会。于是，我们看到了“网络文学”，看到了“自媒体大号”，看到了每天在朋友圈里激起一浪又一浪的热门观点。

信息生产的成本和传播的成本都变低了，很多人都说，这就是“信息爆炸”产生的原因。也有一些人说，因为互联网，我们开始更多地关注碎片信息，网络上的碎片信息质量高低参差不齐，内容质量也越来越差，这就导致我们会越来越笨，越来越浮躁，越来越不追求对知识的深入理解和积累。对此，我并不同意。信息的广泛传播，会使信息类型和信息数量，在绝对值上比以往要多得多。最直接的效果应该是会让人们所了解的事物类型更丰富，使人们的眼界更开阔。举个例子，我的母亲，在她上网购物之前，不知道这个世界上还有扫地机器人这种东西，在她用微信朋友圈之前，也不知道创业公司融资是怎么回事，而现在，她都了解了、认识了。

事实上，信息确实越来越多了，我们该如何利用越来越复杂，变化越来越快的信息环境，尤其是在商业应用领域，这个问题变得越来越重要。

把数据作为生产要素

数据就是信息。互联网加快了信息传递的速度，也就是说，数据产生和传递的速度正在不断地加快。

数据对于一个商业体的作用，其实并不需要互联网来强调，从商业诞生的那一天起，数据的获取和流动就开始了，只是在没有信息技术支撑的时候，商务人士直接接触到有用的数据的可能性非常小，因为仅仅一个数据搜集环节的成本就让很多商家负担不起。比如，以前经常服务于快消品牌的著名市场咨询公司AC尼尔森，要使用大量的卖场现场监测和入户调研，才能掌握到比较有效的数据样本，才能对品牌的市场占有率以及消费者购买倾向进行分析。互联网不但让数据搜集过程的代价变低了，因为互联网业务结构的原始状态就是把事物以“数据形象”反映到网上进行链接，所以互联网数据基本都是结构化的，这大大降低了数据分析和应用工作的成本。

从市场侧回收来的数据，如果能得到及时和准确的应用，下一个阶段的市场策略就可以得到恰当的调整，使市场收益得到更好的保证；从供应链各个环节积累下来的数据，如果能得到有效的整合，就可能使供应链各环节的组织和协作产生更大的效益，形成更灵活的周转方式，从而降低生产成本。数据是可以被有机地应用到从生产到渠道再到零售的整个商业链条的每一个环节当中去的，在每一个应用过程中，它不是可以帮助提升效率，就是可以帮助降低风险。它所带来的实效与价值和一种先进的生产技术、一台先进的机器、一个有经验的生产或经营者是一样的。

因此，数据也是一项非常重要的生产要素。信息技术和互联网时代，让数据及时参与到生产过程当中去，变成了具有现实意义的可能。

互联网时代的数据建设，应该怎么做

双 11 之所以能为几亿的消费者同时提供在线网购服务，之所以能在短时间内调配众多社会资源来支持那么大规模消费的产生和运转，是因为双 11 对阿里系以电商核心业务为中心的大数据进行了一定程度的应用。作为大平台，阿里巴巴要为双 11 这样基于其上的商业应用提供足够的支撑，必须在底层做到良好的建设。

单纯去讲阿里巴巴的数据底层是怎么建设的，并没有什么意义，一则更专业的人在别的书里都有讲过，二则阿里巴巴是一个超级大平台，它的数据建设方式，并不一定适用于每个人。我们还是一样，只说几点值得学习和参照的吧。

互联网业务，无论是工具还是平台，或者是一种垂直的专门的应用，都是以和用户互动的形式开始的。只要有和用户交互的过程，就会产生数据。有一些业务模式在数据方面做得不错，在发展到一定阶段之后，又展现出很好的数据潜力，而另一些在这个方面有所缺失的业务模式，很重要的原因就是没有做到对数据的主动搜集。有一款应用叫作“大姨吗”，很多女生都会用，用来记录自己的月经周期，也会记录月经过程中的伴随症状。时间一长，“大姨吗”就能搜集到大量女性每个人的物理属性，比如年龄、职业等，匹配每个人的生理周期以及健康状况。这些数据，在用户的使用过程当中，被自然而然地记录下来，并且一开始就是高度结构化的，最终，无论是对用户个人的健康管理，还是对“大姨吗”进行商业应用，都有非常高的应用价值。所以，无论我们在做什么样的互联网业务时，都要注意进行数据搜集的前置设计。

以前中国有句老话叫作“好记性不如烂笔头”，但用笔能记下来的数据，数量仍然非常有限，使用难度仍然很高。信息技术的一个很重要的好处是，记录数据的成本变得很低，储存数据的量和时长都被增大。可以说，通过以往的数据积累去分析趋势和变化，甚至借由机器对过往信息进行学习而产出一些智能化的应用等等，都是互联网时代数据应用的天然优势。还有一个优势，也是我们不能忽略的，那就是数据的实时性。

相信很多人也都留意到了，当我们打开滴滴打车的客户端准备叫车的时候，页面上周围有多少辆出租车，多少辆快车，都是实时显示的。这可以让我们非常直观地看到，自己现在所处的位置，是不是容易打到车。同样，百度地图导航和高德地图导航也都能做到，按照实时的路况，在地图上显示前方是否拥堵，并以不同的颜色标注出来，以供行车人自行选择路线。

同样，将实时数据匹配在零售场景中也具有很高的价值。比如在 2015 年双 11 当天，后半场时，天猫就根据前半场消费者的购物情况，对推送给每个人的商品都进行了调整。已经买的，降低展现优先级，某个浏览过多次却还没有下单的品类，则提高推荐和展现的优先级。这对于提高双 11 整体成交量非常有帮助。当然，对于商家进行营销来说，实时数据匹配推送，也是具有颠覆意义的。

最后一点，可能是最难做到的，但十分关键，就是要注意数据对外的流通性。曾经有专门为天猫平台上的品牌商提供数据服务的服务商向阿里巴巴提出，它们在为某个户外品牌进行数据服务的时候，非常希望能和微博的数据进行交叉对比，比如通过用户匹配，找到在微博上晒旅行照片的各种户外爱好者，找出他们最喜爱的户外品牌是什么；通过对比喜欢登山和喜欢垂钓的人，发现他们对户外服装品牌的偏好是否存在明显的区别等。但是因为在天猫、淘宝和微博的登录账号之间找不到对应的介质，因此两边都成了孤立的数据，没法相互参照和对比，更没法发现两边数据在交流之后可能会产生的“化学反应”。

在这个方面，大多数互联网企业都没有做得很好，大家都在考虑自己的数据安全和数据资产。阿里系的电商业务，是世界上用户规模最大的网购平台，从底层服务到前端市场配套，用户服务类型齐全，数据的内循环规模已经很大，所以也就不着急做对外流通。唯一流通的方式，就是开放部分数据接口，供商家和数据服务商使用，使用方式也是外部使用方把使用方式（数据算法）介入数据库，在计算出结果之后，外部使用方即可通过接口得到结果反馈。这种流通方式其实是单向的，外部使用方对数据的应用方式、结果、迭代等行为，也都作为数据被记录和存储在阿里巴巴的数据体系内，但外部使用方却不能得到阿里巴巴数据系统的数据交换或者数据行为互动。

数据要真正成为生产要素，就必须在一个能流通的环境内流转起来。个人认为，大数据只有在实现了高度的流通之后，才会真正显现出它惊人的价值。

作为单个商业体，首先要知道数据是拿来做什么用的

大数据其实是一个对大多数商业个体没什么用的概念，只有像天猫、淘宝这种大平台，或者像微信这种巨型工具，它们所积攒和能触达的数据规模巨大，这个时候去谈大数据才是有意义的事情。因为对它们来说，除了自己应用数据来提升自营业务的成绩之外，还有很重要的一件事情就是怎么把数据分享给外部使用，从而谋求更大的数据价值。比如微信通过人群数据，做朋友圈广告推送，比如阿里巴巴通过数据算法将商品推送给消费者来提升交易转化。

对于品牌商、商家来说，更重要的是，知道数据能为自己带来什么实际效用。比如可以在营销上，帮自己锁定推广目标，节省广告成本，或者通过数据分析发现自己在某个方面的服务没有跟上竞争对手的步伐，影响了自己前一阶段的销售额，便可以借由数据找到问题的关键所在，以免贻误改善的时机。

对于互联网企业来说，做一个APP，最重要的也是要知道数据能为自己解决什么问题，比如APP的变现途径主要是广告，那么对于这家互联网公司来说，不管做的是什么业务，了解自己的用户群体，了解他们的偏好，就是非常重要的事情，因为只有尽量做到让APP里的广告不招人烦，才能保持变现通

道的长期畅通和活力。于是，从前端用户互动搜集数据开始，到后端自己建设合理的数据库，再到和广告模式相互贯通，数据工作逃不开就是这几个方面。

这些工作必须基于具体的数据应用场景而促发，不一定非得和“大数据”搭得上边，所做的符合互联网数据特征，满足数据工作的要求即可。

第四节　阿里的云

香港电影《寒战》第二部里，有一个带动情节进入正义一方获得证据、走出困顿局面的关键情节，发哥（周润发）饰演的简大状（律师）把男主角刘警司请到家里，将自己爱徒临死前拍到的同伙照片洗了出来交给刘，爱徒的相机原本已毁，可简大状说了一句话："那个谁想得周到，在云端同步了一份"。

"云端"，在电影的台词里，惊鸿一现。

云、云端是什么，能用来做什么？

我们的生活里，也有这样的场景，iPhone 里的存储空间不够了，我们把自己手机里的照片、视频、通讯录等信息，都同步到 iCloud（苹果公司提供的云端服务），一方面给手机内存腾地方，另一方面可以保证将这些信息保存较长的时间，永不丢失。

看起来，云更持久、更不容易被破坏，好像很有用的样子。是的，云确实能在刚刚说到的类似场景中发挥作用，但必须要说，这些还仅仅只是云在个人化应用场景中的表现，当它成为一个平台时，它的能量还要大得多。

在双 11 这种大场面里，云，它在哪里

2015 年，天猫双 11 的成交总额为 912.17 亿元，平均每 1 秒就有 14 万单成交，支付峰值达到每秒钟 8.59 万笔。相比 2009 年首届双 11，订单创建峰值增长了 350 倍，支付峰值增长了 430 倍。

如果只是抛出此类数据，大家大概都不会有什么感觉，更不会了解到这背后可能需要什么样的技术来做支撑。在订单量、支付峰值比现在少很多很多倍的 2009 年、2010 年、2011 年，双 11 当天，大半个阿里巴巴的技术人员都会在岗位上严阵以待，即便如此，每年还是会出现系统一时瘫痪、局部交易出错等问题。但是，2015 年双 11 在呈现出前所未有的规模的同时，整个系统反而没有出现之前的那些问题，在背后发挥至关重要作用的，正是那片云。

首先，我们来看一组数据。

2015 年双 11 当天：

（1）00:05:01：交易创建达到峰值14万笔/秒。

（2）00:09:02：支付达到峰值8.59万笔/秒。

若对这组数字无感，不妨做个对比。Visa（维萨）支付，是基于世界上最大的交易和信息处理网络之一——VisaNet（维萨网）来帮助金融机构客户、消费者、商户、企业和政府机构实现价值和信息传递的支付工具，它的支付峰值是1.4万笔/秒（在实验室测试是5.6万笔/秒）；MasterCard（万事达卡）的实验室测试结果是4万笔/秒。即使都以实验室数据和支付宝的实操数据进行比较，也差不多只有支付宝支付峰值的一半。这不仅仅是因为双11期间集中使用支付宝支付的人数和交易数量更大，更重要的是背后支撑交易实现的技术系统也十分强大。

在这里，补充解释一个问题：为什么不论何种系统，支付能实现的笔数比交易能实现的笔数都要低？因为交易创建在支付宝系统内部就可以实现，但如果需要进行支付，就会涉及账户扣款，资金来源可以是余额宝、花呗（支付宝的买家消费信用产品）或银行渠道，尤其是来自银行渠道，比如信用卡和储蓄卡等，每一次操作都需要交互时间。一般来说，传统网上银行的支付峰值大多是在几千笔每秒。前几年的双11，我们在买东西的时候，或许都看到过页面上的类似提示："前方排队，请耐心等待"，不明真相的群众会以为天猫、支付宝控制不住交易和支付的人流，崩溃了，其实，真实情况很有可能是大家已经去了网上银行的窗口排队。

总之，2015 年双 11 的交易笔数，在全球的支付系统中都是遥遥领先的。

看似这些是支付宝作为支付工具在技术层面做到了“先进”，实则是云在背后作为数据运算系统，在速度、协同、稳定和安全等方面都做到了“顶尖”。

计算能力输出：商家每日可处理 400 万份订单

2015 年，阿里云将继续通过聚石塔向参与双 11 的商家输送充足的计算能力。搭建在阿里云平台上的聚石塔，预计将处理 99%以上的双 11 交易订单，可支持单个天猫商家每天处理超过 400 万份订单。

聚石塔是什么？在解释聚石塔之前，我们先要了解另一个概念，开放 API（应用编程接口），即阿里巴巴将自己的网站服务和数据服务封装成一系列 API 开放出去，供商家和第三方开发者使用，这么做一方面可以通过 API 取数，让商家更清楚地获取和自己经营范围相关的数据信息，另一方面也可以满足商家在各个服务端口千变万化的现实需求。聚石塔和开放 API 有着相同或者类似的作用，但从某种意义上来说，API 提供了开放工具，而聚石塔做的是开放环境。

比较标准的解释是，聚石塔是基于电子商务业务的计算、共享平台，提供安全的系统部署环境（云主机）和数据库环境（RDS），同时利用阿里巴巴的内部网络优势，快速获取天猫、淘宝的数据，与其他软件服务商共享数据，从而达到真正的三方集成。聚石塔的产品主要包含两大块，分别是云主机与云数据库。它强大的数据管理功能，让商家在天猫的主要交易、商品、退款等关键数据上，以主动推送的方式代替 API 取数的过程，大大提升了取数的效率及取数的准确性，同时也降低了宽带的成本。通过淘宝平台化的开放和规范，也降低了 ISV（服务商）的集成成本，提高集成效率。

2012 年开始，聚石塔以阿里云为基础推出了一整套的解决方案，为天猫、淘宝平台上的服务商及商家服务。聚石塔部署在阿里云的远程数据中心，安全条件、稳定性、性能远超商家的办公环境和传统 IDC（互联网数据中心），针对设备故障，断网断电等均有应急预案。

在传统模式下，商家做促销时要进行服务器扩容，小卖家要去电脑城买几台机器回家，大卖家则需要临时寻找 IDC 资源，在应对完促销节点之后，业务量回落，服务器又会闲置无用，造成了很大的浪费。通过聚石塔，商家可随时在线上扩充服务器资源，想用几天就用几天，之后再缩小，低碳环保又省钱。

2014 年，聚石塔处理了 96%的双 11 订单，无一故障、无一漏单。2015 年，通过云计算系统的优化和对中间件能力的使用，服务商应用系统的整体性能比之前提升了 62%，能支持单个商家每天 400 万份以上的订单处理能力。

金融云架构：日支付处理能力达 10 亿笔

阿里云总裁胡晓明介绍，2015 年双 11，淘宝、天猫核心交易链条和支付宝核心支付链条的部分流量，被直接切换到了阿里云的公共云计算平台上。通过将公共云和专有云无缝连接的模式，全面支撑双 11。

因此，如果从技术层面来看，2015 年双 11 也是全球最大规模的一次混合云弹性架构实践。阿里巴巴成为全球大型互联网公司中，首个将核心交易系统放在云上的企业。阿里云成为全球第一家有能力支撑核心交易系统的云服务商。

“将淘宝、天猫、支付宝这么庞大、复杂、跟钱紧密关联的系统搬到云上，除了我们，全世界还没有第二家，这包括全球其他所有的互联网巨头和云计算公司。”胡晓明说，阿里巴巴希望在自身最重要的商业实践中，验证云计算的安全性、可靠性，向世界证明云计算的优势。

胡晓明强调：“这一混合云架构完全是基于阿里云官网在售的标准化产品搭建的。也就是说，你通过这些标准化的产品，也可以搭建一个像淘宝、天猫这样万亿级的企业应用，满足任何极端的业务挑战。”

“在双 11 中应用的关键技术都将变成阿里云上的标准化产

品向外输出。”胡晓明说，我们希望把验证过的技术尽快分享给全球的创新创业者。

据悉，经此次双11验证并计划输出的技术包括：应用于异地多活的数据传输产品 Data Transmission、实时计算系统 StreamSQL、数据可视化引擎 dataV 等。

据阿里巴巴的内部资料介绍，支付宝在技术上已全面升级到金融云架构，可以支持每日10亿笔以上的支付处理，并且具备了金融级的“异地多活”容灾能力。

跟支付宝有合作的200多家银行，一直是双11支付保障的主力军。2016年，各家银行的系统容量在去年双11的基础上扩大了一倍。从8月份开始，各家银行就逐步对扩容后的系统进行仿实战的高强度压力测试。压力测试覆盖了用户从开始购物到创建交易，访问收银台到最终完成支付的整个链路，确保包含基础设施、业务系统和银行渠道在内的整个系统都可以稳定支撑双11的惊人支付洪峰。

一键建站：90分钟再造淘宝天猫

每年双11，为了应对巨大的流量冲击，阿里巴巴都需要在技术系统中新建淘宝和天猫的交易单元，与原有的系统一起“协同作战”，以便分散流量，减轻系统负担。

以往，重新部署一套交易单元至少需要1个月的准备时间。2015年的双11，由于采用了“一键建站”的技术，使得这项费时费力的巨大工程，得以在 90 分钟之内自动化完成。

一键建站，是指在基础设施具备的条件下，通过阿里巴巴自主研发的自动化软件，将中间件、数据库、商品交易系统、商品展示系统等上百个电商核心系统，像搭积木一样部署完成。整个过程一键完成，基本无须人工干预，所需时间不到 90 分钟。

ODPS：数据狂欢背后的超强计算引擎

前面一节，我们讲过，无论是平台型电商还是个体商家，抑或是独立开发 APP 的互联网业务，都需要能对基于网络产生的大数据进行应用，且在应用之前，我们必须让数据变得完整、变“活”、能流通。这就少不了背后要有计算引擎进行支撑。

“整个天猫双 11，你看到的一切，几乎都是由算法决定的。”在数据科学家们看来，双 11 是无数个“0 和 1”、成千上万套算法的叠加。这是一场机器和数学公式主导的全球购物狂欢。

2015 年双 11，无线端的交易已占主导地位。手机屏幕狭小，如何为用户创造更个性化、更智能化的购物体验，就需要利用阿里巴巴所存储的数百 PB（2 的 50 次方字节）数据，并通过阿里云自主研发的大数据处理平台——ODPS 来计算。

ODPS，大数据计算服务，是一种快速、完全托管的 TB（2 的 40 次方字节）/ PB 级数据仓库解决方案。大数据计算服务向用户提供了完善的数据导入方案以及多种经典的分布式计算模型，能够更快速地解决用户海量数据的计算问题，有效降低企业成本，并保障数据安全。

2015年双11，天猫、淘宝、支付宝、菜鸟等所有基于购物狂欢场景产生的数据应用场景背后的大数据处理工作，都是由阿里云的ODPS来完成。在“2015世界Sort Benchmark排序比赛”中，阿里云的ODPS用377秒完成了100FB的数据排序，打破了此前Apache Spark（一个围绕速度、易用性和复杂分析构建的大数据处理框架）创造的1 406秒纪录，一举创造4项世界纪录。

通过ODPS的大数据和实时计算能力，天猫还在进行这样的尝试：让商家可以根据消费者的实时位置推荐商品。比如，当外地游客在逛西湖时，不妨为他们推荐一些杭州特产。

dataV：实时触摸数据世界的脉搏

自2013年起，双11交易数据大屏成为对外直播狂欢节的重要窗口，而在2015年的全球狂欢节上，这一巨型数据大屏还被移植到了水立方，以实时动态可视图的形式向全球用户直播双11的数据魅力。

在水立方的数据大屏上，该数据可视化引擎既可以利用3D webgl技术从宏观角度展示双11平台的总体交易订单和实时全量流向，也可通过便捷的交互手段，深入到城市级别，进行微观的人群画像分析。

这种数据的可视化是通过阿里巴巴自主研发的一套 dataV 引擎来实现的，该引擎完全基于 Web 技术（互联网应用开发技术），可快速、低成本地进行部署。除了对外展示数据之外，还可以用于对内部的商品、交易、支付、数据中心等方面的可视化呈现和管理，帮助实现更精准的调控。

据说，目前这一技术正在通过阿里云向外输出，很快将会有标准化产品推出。

全站 HTTPS 加密保全球用户访问安全

双 11 已经成为全球的节日，天猫国际让全球的商家参与进来，速卖通又让国外的消费者可以买到中国制造的商品，那么如果非洲的朋友想买个中国产的马桶，他的体验会是如何呢？

为了提供更安全快速的访问体验，阿里云今年将部署 CDN（内容分发网络）的国家和地区增加到了 30 多个，覆盖除南极洲外的六大洲，可从容应对越来越多的海外用户同时访问。在国内，阿里云拥有近 500 个 CDN 节点，带宽服务能力超 10Tbps（兆兆位 / 秒），实现毫秒级响应。

不仅要快，还要安全，阿里云 CDN 为保障 2015 年双 11 狂欢节的有序进行，帮助淘宝、天猫、聚划算等阿里系电商平台全面实现了 HTTPS 加密访问，能有效防止资源被劫持，使用户端与服务器之间收发的信息传输更加安全。据悉，这也是全球首家实现全站 HTTPS 加密访问的大型电商网站。

精准识别流量：是用户，还是黑客攻击

遇到类似双 11 这样的大型促销，不少电商平台都出现了流量激增的情况。此时，如何分辨哪些是正常流量，哪些是黑客借机恶意攻击捣乱，在过去，一直是个老大难的问题。

2015 年双 11 期间，阿里云通过数据模型实现了一种叫 DDoS 的检测。当流量来袭，在进行安全防御之前，系统通过好人行为模型、恶意 IP 地址比对等技术手段，完成了对流量成分的分析，因为数据计算能力的强大，这一套检测模型，既能做到不放过任何一个黑客，也能做到不让任何一个正常用户的访问受阻，并且做到不使用户的访问时间变长，访问体验受损。

细心的淘宝用户可能已经发现，现在的双 11 省略了烦琐的验证码输入，“买买买”的体验更便捷了。这背后其实是一套反欺诈产品的功劳。

过去，设置手动输入验证码主要是为了帮助系统识别正在交易的究竟是用户还是机器。随着反欺诈产品通过数据模型从用户敲击键盘、滑动鼠标、点击浏览页面等行为中计算分析出电脑前的究竟是真实用户还是一台机器，验证码终将逐渐完成使命，退出风控防御的历史舞台。

而平台的价值，就是要把这些服务都开发成标准模块，然后以最恰当的方式输出，上面提到的安全产品也已经被开发成安全品牌云盾，通过阿里云平台进行对外输出。

手机淘宝 1 秒打开

不知道大家有没有类似的经历，想要打开一款 APP，却因为点开图标后，手机白屏半天没有反应，而关掉或者退出了 APP，有过几次这样的经历以后，这款 APP 不是躺在手机里沉睡，就是被我们删掉再也想不起来。

在无线端，让消费者从打开 APP 的那一瞬间开始，就拥有并保持良好的体验，是特别重要的事情。2015 年双 11，为了让所有人都能以最快的速度打开手机淘宝，阿里巴巴搭建了一个世界级的无线云平台，能够同时服务亿级用户，并实现了一系列技术优化：内存节省 50%，滑动提速 20%，在 1 秒之内打开手机淘宝页面。

云里面的是什么

异地多活

在硬件层面，阿里云取得了一个关键的进展，也是前面提到过的，“异地多活”。所谓异地多活，就是多个地点的数据中心在正常模式下协同工作，并为行为业务提供服务，当某个数据中心发生故障或灾难时，其他数据中心可以对其业务实现接管，达到互为备份的效果，实现用户的“故障无感知”。

其实，早在2014年的双11，阿里巴巴就已经实现了交易系统的“异地双活”。和“双活”相比，“多活”最大的变化有两点：一是同时实现了交易和支付的“多活”；二是异地数据中心的最远距离超过了1 000公里，这意味着阿里巴巴具备了在全国任意节点部署交易系统的能力。尤其是在像支付宝这样高度复杂与严谨的金融系统中，实现1 000公里以上“异地多活”的能力，在全球实属首例。

公开资料显示，全球能够做到异地多活的只有少数几家互联网巨头，如Google（谷歌）、Facebook（脸谱网），但无论是搜索还是社交场景，其对数据同步性、一致性的要求都远不如电商场景苛刻。试想，在交易、支付过程中，如果因为数据中心之间的协同问题，用户界面出现交易金额多一个零或者少一个零的情况，那将给整个业务平台的安全问题带来多么大的影响。

自研数据库支撑全球最强支付平台

前面提到过的数据，2015年双11当天，蚂蚁金服旗下的支付宝平稳支撑起了8.59万笔/秒的交易峰值，是2014年双11峰值3.85万笔/秒的2.23倍。这一数字还大幅超越了Visa和MasterCard的实际处理能力，甚至比二者的实验室数据都要高出一大截儿。这意味着支撑起双11庞大交易额的支付系统，在技术上已大幅领先全球。

支撑支付宝实现这一超越的秘密武器，是阿里巴巴与蚂蚁金服自主研发的分布式关系数据库 OceanBase。阿里巴巴称，OceanBase 是中国首个具有自主知识产权的数据库，也是全球首个应用在金融业务的分布式关系数据库。

那么，OceanBase 和传统的数据库相比，究竟强大在哪里呢？

首先，OceanBase 不需要高可靠服务器和高端存储。

OceanBase 是关系型数据库，包含内核 +OceanBase 云平台（OCP）。与传统关系型数据库相比，最大的不同点是，OceanBase 是分布式的，支持水平线性扩展，并且 OceanBase 基于 PC 服务器，对高可靠服务器和高端存储没有要求。这与一些传统数据库背后一定要有共享存储的情况相比，是完全不同的。

数据库有很多技术重点。但有几点很重要，其中之一就是可靠性。

先来分析传统方式，基本是由传统数据库加上高端共享存储或冗余的方式来实现，同时服务器也要高可靠。所以要保证系统的稳定性和可靠性，软件、存储、服务器都很贵，服务也贵。而为了避免不可控因素，传统数据库形成了主备镜像。所以，虽然传统方式的可靠性比较好，但是在可扩展能力和性价比方面，传统方式有着明显的局限性。

相比之下，OceanBase 使用 PC 服务器集群，性价比高、水平扩展、易于采购和维护等，优点众多。但也有一个制约因素，其稳定性、可用性不如高可靠服务器和高端存储。如果说传统方式使用高可靠服务器和高端存储可以做到 100%，那么，OceanBase 通过 PC 服务器能做到 60%～70%就已经不错了。如果机器不可靠，那么系统就必须要可靠，这就是阿里云计算的思路。同一数据存在多地，那么，当每个存储点到达或超过半数库时，个别数库出现故障，是不会影响整体业务顺利发展的。

其次，版本升级是引发数据库故障的最大问题。

尤其是在使用传统数据库时，版本升级是最要注意的，因为它经常引发一些大的故障。有些做法是先升级备库，升级完成后，将主库迁移过来。但是，在这一过程中，由于数据迁移不及时，或者数据匹配出现问题，经常造成数据库整个瘫痪，从而引发一连串的业务问题。例如 2013 年某国就出现过大型商业银行因为数据库版本升级，造成业务停顿近 1 小时的情况。再如 2014 年某国的签证数据库罢工，后查明是因为后台发布了一个小小的技术补丁，就导致 20 万份签证被拖延了几个星期。

由于问题和故障频发，很多传统数据库，几年才出一个版本，内核开发测试团队就有千人，只有经过反复测试，在可靠性上非常有信心时，才会对外发布。但是我们都知道，互联网

“唯快不破”，业务节奏不容许如此，因此 OceanBase 就要面对更大的挑战。为了快速响应业务需求，OceanBase 使用了灰度升级的办法。

传统数据库的主备方式是“单活”的，只有主库可以执行写数据的事务，尽管维护升级时可以先操作备库，但操作完成后，备库变成主库，并且接受用户访问是一步到位的，因此如果新版本有问题，业务就必然会受到影响。而 OceanBase 则是“多活”的设计，即有多个数据库，每个都有部分读写流量，升级时先把要升级的库的读写流量切走，升级后再进行数据对比，正常后逐步引入读写流量，哪一部分确保没有问题，先切进来，一步一步，等一切正常并运行了一段时间后再升级其他的库。贴几张来自互联网的图，可使大家更形象地了解这种基于“多活”硬件而实现的灰度升级。

如果新版本出现异常，可以赶快将新版本上的流量切走。届时，对业务的影响也是可控的。

第三，我们来介绍一下 OceanBase 与传统数据库之间的技术区别。

OceanBase 与传统数据库（如 mysql）的技术区别，有三个问题值得关注，如下所示。

（1）为什么传统的数据库难以灰度升级？因为传统数据库备库就是备库，不是正在使用中的主库，只有出现问题或者升级替换时才会变成主库。而 OceanBase 数据库不分主库备库，

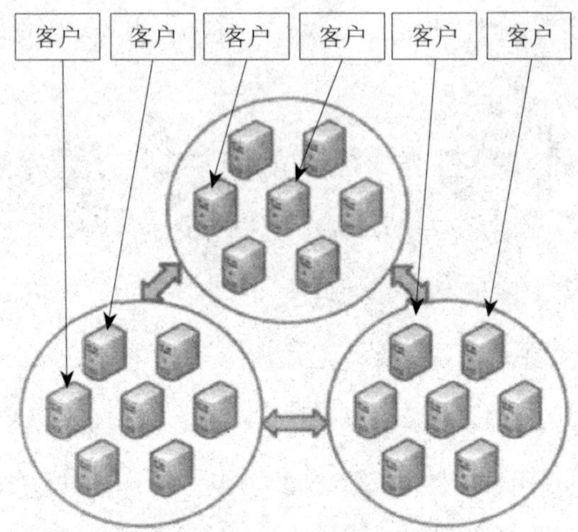

OceanBase 部署：升级前

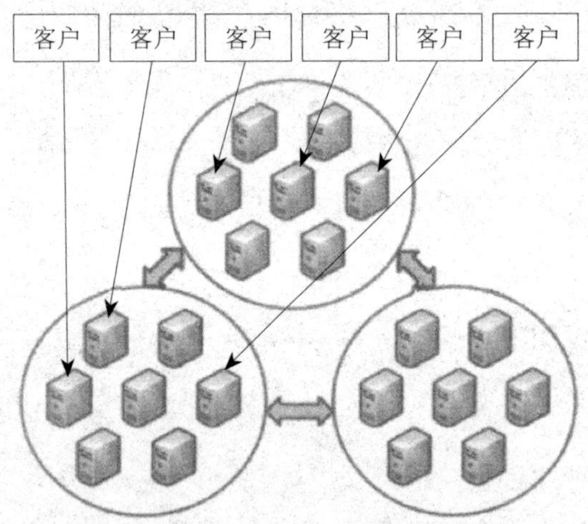

OceanBase 部署：切走读写流量，准备升级

图 7　异地多活升级前

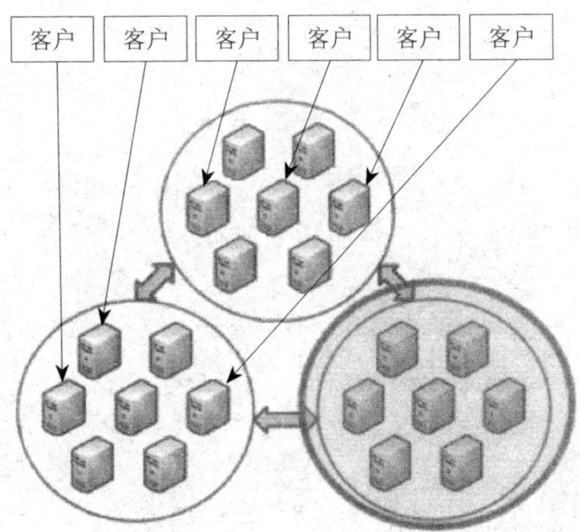

OceanBase 部署：升级一个机群（库）

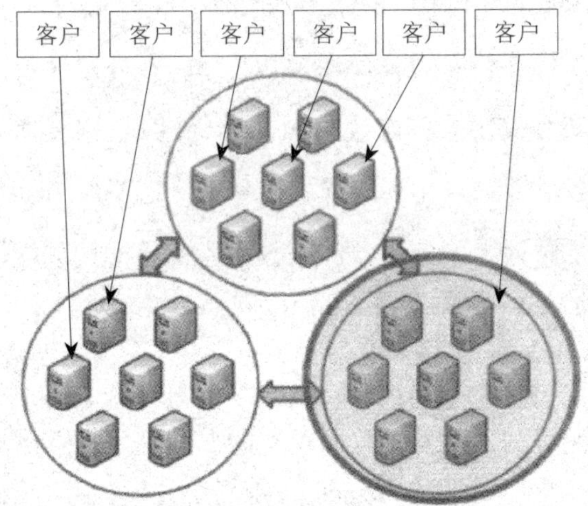

OceanBase 部署：升级一个机群（库）后切回部分读写流量

图 8　异地多活升级中

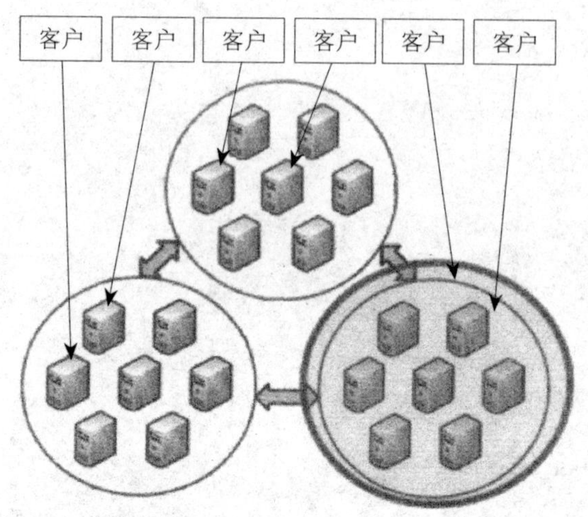

OceanBase 部署：升级一个机群（库）后切回全部读写流量

图 9　异地多活升级完成

每个库都是随时可以调用的在线的数据中心。

（2）为什么传统数据库不可以用 PC 服务器代替高可靠服务器和高端存储？一方面是由于一台普通 PC 服务器往往无法支撑传统数据库，且出现故障的概率较大；另一方面是由于软件机制需要做很大的更新，传统数据库都是通过高端产品来实现这些硬件的可靠性，自己却专心做 SQL 优化、IO 优化、排序优化等。

（3）为何数十年来，数据库方面很少有人能够挑战某商业数据库的统治地位？由于数据库事务（ACID）实现起来非常复杂，业务对数据库的稳定性要求极高。也因为磁盘 IO 瓶颈严重制约着数据库的性能，用同样的技术实现途径，其他厂商很难超越它，而使用全内存数据库的成本又太高。

那么，OceanBase 的切入点是在哪里呢？

随着技术的发展，现在数据库存储的数据量越来越大，大多是以 TB 来统计。但是，每一天的修改量并不大，需要修改的只是很少的一部分，比如账务库、全国人口数据库、交易库都是这样。基于这样的原则，OceanBase 使用磁盘存储数据库，但是用内存数据库来存储修改数据，这么做，既没有额外成本，还消除了随机写磁盘的情况，并改由批量写入，非常适合固态盘存储。修改增量融合也采用了多库异步的方式，避免了对业务的影响。我们要知道，以块为单位来设计的数据库是很难做到这一点的。

当云成为平台，我们该怎么用

就像催生了菜鸟这样的物流网络一样，天猫的双 11 也催生出阿里云及其背后像数据底层系统这样的世界级技术创新。

“这些世界顶尖的技术，正在通过阿里云加速向外输出。我们希望将这些技术变成普惠科技，以此催生 1 万个阿里巴巴。”胡晓明曾这么说。

我想通过软硬件的建设，通过强大的数据底层技术以及阿里云平台的输出，阿里巴巴确实是具备随时再造一个天猫、淘宝的能力的。可以催生出 1 万个阿里巴巴，也并不是十分夸张的说法。从技术意义上来说，这无疑是强大的，但是，好像从商业意义上来说，这个能力确实有点儿浪费。我们先不说在全世界范围内，还有没有可能，或者说还有没有必要出现很多个规模达到天猫、淘宝这种量级的电商平台类交易系统，即使真的出现一个，站在使用者的立场上，一个既当运动员又当裁判员的服务提供方，会不会是一个隐忧重重的选择？假设使用方某天出现一个需求，需要对阿里云提供的技术平台进行完善和实现，那么，这个需求和天猫、淘宝的立场是否会存在某种矛盾或者不兼容的关系，使用方是否会担心自己的需求被严重地低估？

阿里云的数据底层系统和技术，以及模块化的输出能力，确实让它更像一个真正的平台，也让云有了更强的综合实力，但要成为真正的平台，恐怕还得在商业结构上和天猫、淘宝保持距离，并考虑清楚真正的平台级服务是什么，以及要如何实现。

第三章

以双 11 为案例来理解互联网

第一节　让我们以双 11 为案例，谈一谈“互联网 +”

已经记不得是在哪个场合，我曾听到在台上演讲的人如此评价互联网，他说，互联网没有那么神秘，也没有那么复杂，当年，在电话普及之前，有不少人危言耸听地认为，电话来了，企业的经营模式将会被改变，但事实上，除了对外沟通方便了一点儿之外，什么也没有改变，互联网也只不过是通讯技术的一种进步，对企业来说，无非是一种工具，“互联网 +”就是使用好这项工具，仅此而已。

如今，双 11 的交易额已经接近千亿，“互联网 +”，自从 2014 年被提出以来，俨然已经成为人们餐桌上快要被嚼烂的谈资，但还是有不少人，仍然以“互联网就是工具”或者“互联网就是渠道”或者“互联网就是展现平台”这样的视角来理解互联网。

当然，互联网作为一种客观存在，我们怎么理解它都可以，但就像每一件深邃的事物一样，它能展现出多少，其实取决于我们思考了多少；它能给我们带来多少改变，也有赖于我们对它理解到了多少。

不谈概念，我们就以双 11 为实例，谈一谈“互联网 +”，毕竟双 11 的成绩客观地摆在面前，谁也没法否认它作为一种互联网创新，给传统行业带来的巨大改变和剧烈影响。也许这样，我们便能更好地从理解现实的角度，去理解互联网除了可以作为一种工具之外，还可以给我们带来什么。

谁先上线，红利就有可能属于谁

2009 年的第一个双 11，总共只有 27 家品牌商参与，2010 年为150家，2011 年为2 000家，2012 年为1万家，2014 年为2.7 万家，2015 年为 4 万家。

当每一年双 11 奇迹般增长的交易额出现在世人面前时，就会有更多的品牌和商家受到感召，每年双 11 之后，申请加入天猫平台的商家数量总要比往常增加好多倍。

我们所熟知的一些大品牌，也是在这样的感召之下加入天猫的。

可以说，2009~2012 年，当网购在普通消费者中快速普及的同时，也开启了企业、品牌和商家重要的电商启蒙时期。双 11 在这个普及和启蒙的过程中，起到了非常关键的作用。

可能有人会说，这些品牌商家在天猫获得的成绩和双 11 的成功一样，都是源于网购人群的红利。这确实是事实的一部分，但即使红利是事实，也并不意味着“坐享其成”。值得我们去追问的是，如果网购红利是时代带来的必然，那为什么它最终发生在此时此刻？它是怎么被发掘的，是如何被引流到阿里巴巴的电商平台，又是如何促成双 11 的呢？

红利是怎么来的？

马云曾经说过，电商在美国只是零售业的一种形式、一种补充，像一道餐后甜点，而它在中国，则是一道主菜，因为在电商起步的时候，中国的零售业还不发达，没能给消费者提供相对完备的服务和周全的体验。马云的这段话道出了网购红利产生的一个重要背景：在电商之前，消费者在中国的零售环境中，还有一些重要的需求未被满足。消费者没有足够的机会接触到丰富的消费品，购物不够方便、快捷，信息鸿沟巨大，缺少实现消费者权益保障的基本条件。

在这个背景下，电商平台的崛起，实际上就是让在线下还没完全铺开的零售业直接上线。对，没有错，就是上线，这么一个简单的动作，像一把轻巧的钥匙，打开了从一个世界前往另一个世界、一个时代通向另一个时代的大门。

各种品牌，各个商家，当它们把商品搬到线上之后，在中国的消费者面前，出现了一个从未有过的购物世界。要买什么，不用再去想去哪里能买得到；逛街的时候不再有边界，上一秒钟想看衣服，下一秒钟就可以去挑汽车用品；同一件商品在好几家店都能买得到，消费者可以很直观地进行比价，还可以很方便地比较出哪家店会提供更好的服务，比如包邮，比如包退换。

对于商家来说，它们也不再只是以就近原则服务数量有限的人，它们时时刻刻面对着来自全国各地（甚至世界各地）的买家，有更多的机会找到喜欢自己，与自己所提供的商品和服务相匹配的消费者。

买和卖，都上线了，这就是一切的起点，也是红利被引爆的根源。上线，这个动作，瞬间弥合了之前存在于零售环节之中的信息鸿沟，更多的买和更多的卖，不断地被吸引到线上来，不断地聚集，这两端数量上的变化不仅只是数量上的变化，还给平台在丰富性和便捷性方面带来了更大的价值。如同滚雪球一样，平台所提供的商品越是丰富，所提供的体验越是便捷，就越能展现出相较传统零售明显的优势，这对中国的消费者来说，意义太大了，吸引力也太大了。这就是为什么，直到现在，天猫、淘宝的普通用户和商家数量仍然在快速增长的原因，这也是双11能够成功，或者说天猫、淘宝这种典型的平台型电商能成就双11的一个重要原因。

在2009~2012年期间，上线越早的品牌商家，取得的成果越大。除了扩大销量之外，它们还在上线的消费者中获得了自已的用户，并且通过互联网技术和数据，和这些用户实现了以往在传统零售过程中难以实现的强关联。它们可以更加准确地知道用户的喜好以及变化，能在新品发布之后，及时地投送到潜在的用户面前……

其实，自互联网诞生以来，“上线”这件事情就一直在不断地发生。从我们通过互联网技术来收发邮件和使用即时通讯工具起，上线活动就开始了。然后是资讯上线，诞生了那一代的门户网站，我们的视野被打开了。后来电商崛起，零售业上线，互联网这才开始真正影响商业链条，因为零售环节是商业链条的末端，是价值的最终实现端，这一环节的上线，让提供商品或服务的经营者开始直接面对用户，这让他们所创造的价值在兑现过程中的路径变短，效率被提升。原来相对闭合的商业链条被打开了，以前在流通环节被损耗掉的价值，更多地被释放了出来，使得完成了上线动作并已经在线的消费者和经营者都能从中受益。

以前，我们也经历过商场适逢节假日做的大型促销活动，在那种场面里，血拼是要付出相当大的体力和精力的，双 11 第一个把血拼这件事情搬到了线上，以在线的方式让如此丰富的品类同时向消费者让利，让如此之多的商家同时在线向消费者提供优惠的商品和良好的服务，这让中国的消费者体验到了从未有过的商品丰富程度、购物便利性以及价格优惠覆盖面。这就是为什么，双 11 从第一年开始，就有了“引爆”的姿态，并在之后的每一年都处于一路狂飙的状态当中，根本停不下来。

现在，互联网正在以“第一步：上线”这样的方式影响别的行业，比如打车 APP，让提供服务的司机和乘客上线，让打车这件事从随机遇到变成了闲置车辆的即时、就近匹配；比如余额宝，把募集资金的渠道搬到了线上，也在某种程度上引爆了互联网金融的“红利”。

我们可以这么说，“红利”背后，一定是有一个客观存在但未被满足的内在需求，要引爆红利，第一步就是要发现这种内在需求，然后把需求方和供给方这两端引渡上线。谁先发现那个需求的准确位置，先改变自己从前的位置主动上线，谁就有可能获得“红利”的青睐。

互动，真正撬动市场的支点

《参与感》[①] 这本书很好地阐释过小米的“互动”。我们在这里所说的互动，实际上包含两个意思，一个是通过互动的形式让用户获得参与感，从而使他们获取对某个产品或者某个对象的主人翁意识，最终以高度的黏性团结在该对象周围，从我的理解来说，这就是《参与感》中倡导的互动。现在我们要说的重点，是互动的另外一个意思。

大概是从 2010 年起，有不少同事陆续离开了阿里巴巴，

① 《参与感》已于 2014 年 8 月由中信出版社出版发行。——编者注

去给品牌商做代运营（或者叫代经销，两者的区别是代运营吃货而代经销不吃，为了方便，我们这里统一叫作“代运营”）店铺的生意。当时正处于一些品牌商接触电商的初期，有一些品牌不愿意付出学习和团队建设成本，有一些则是自己的尝试没有成功，转而请有职业背景的团队来代理，总之那个时候，“代运营”的需求很旺盛。到了 2012 年，经过几轮激烈的挤压和洗涤之后，活下来的代运营服务商已经不多了。有一位至今仍然做得颇有成绩的前同事，事后总结时说，他的团队之所以能活下来，是因为他们做了一些其他代运营服务商一般不会做的事情，那就是贯彻“以用户体验为核心”的理念，而且还在执行过程中以此影响品牌商的一些商业决策，从比较根源的地方入手，帮助品牌商提升“触网”的能力。

过程是这样的，他们刚开始做代运营就应品牌客户的要求参加了那一年的双 11，他们按照品牌方的要求，上架了很多高跟鞋，注重设计感，单价偏高，即使是在双 11 的折扣之后，仍然比同品类的女鞋价格要高一倍。双 11 当天，店铺浏览量一再冲高，但销量却不怎么样，一天下来都没有过 100 万，而且售后也出了问题，有 1/3 的订单发生了退货，即使是最终交易成功的那部分，买家的反馈也不理想，很多买家在评论里说，鞋子只是好看，穿着觉得不实用，有些觉得不舒服，感觉买贵了。那次双 11 之后，他的品牌客户打起了退堂鼓，想从天猫撤走。

后来他用一组数据留住了该客户，当时天猫女鞋品类整体的交易规模正在以每年超过50倍的速度不断增长，可以预见，用不了几年，天猫就会成为国内最重要的女鞋市场；双11女鞋品类的客单价也在增长中，那几年，每年增长的幅度大概是10个百分点左右，这比传统零售市场的客单价增幅要明显高得多。这个市场还大有可为，问题可能在于店铺的销售策略和品牌在天猫的推广策略。

这位前同事和他的团队仔细分析了买家们在他们店铺里留下的评论，并将这些买家的性别、年龄、所在区域等物理信息放在一起进行交叉对比，同时又找了天猫、淘宝中的近似品牌，并在选品、定价、营销策略等各个方面做了比较。他们发现，问题可能主要出在产品的选择上。首先，双11在冬天，无论是华北还是华东，消费者都更倾向于选择厚实、保暖的鞋子。其次，网上购物没有试穿过程，消费决策过程相对较短，更多的消费者会选择购买功能性较强、通用性较高的东西，尤其是在双11这种“不抢下一秒就可能抢不到”的时候，大家首先抢的一定是抢来之后，后悔的可能性较小的通用款（类似服装品类的打底衫）。

于是，他们向客户提出要求，要求主导产品的选择，并有权给出定价的建议。第二年的双11，他们选择了女鞋当中款式比较固定、功能性比较突出、价格比较透明的产品（俗称标品）参加双11，价格定得比平时的客单价低大概20%，比同品类的商品略高一点点。客户坚持要做的设计款高跟鞋，则放到平时去销售，而且只用限时优惠或者限量发售的方式去做。

效果好得超出了他们自己的预料：第二次参加双 11，该品牌客户当天的全店销售额突破 600 万，是前一年的 6 倍多，在双 11 买过这个品牌的消费者，其中有一些逐渐喜欢和熟悉上该品牌的设计风格，转化成了该品牌在天猫平台上的核心用户，除了双 11，平时他们也会关注店铺定期推出的新款和限量高端设计款，这使得该品牌日常的销售情况也得到了保障。

这个例子正好能说明“互动”的另一个意思：获得用户的有效反馈。从上面这个例子我们可以看到，电商对品牌和企业来说，最重要的价值并非是把货销出去，而是把客引进来，让用户给予反馈，与用户进行良好的互动，使用正确的方法回收这些反馈，并使其畅通地实现在商业迭代当中，最终获得一个良性的、长线的商业结果。

淘宝创造的“评价”体系，就是一个典型的具有互动机制的互联网产品。因为平台可能要利用评价累计下来的一些数值，调控流量分配的多少，所以很多商家都过分在意“差评”，仿佛一个差评就是天底下最坏的事了，但实际上，它也可以是一件好事。在零售业上线之前，品牌、企业若想搜集消费者的意见和反馈，往往要花很大的力气去做市场调研，结果还有可能不及时、不准确。而现在，我们可以在评论里看到很多信息，哪些消费者喜欢，哪些不喜欢，哪些方面是消费者真正在意的：是设计，还是面料，是舒适，还是安全。只要我们懂得如何认识用户给的评论，它就是互联网技术带来的其中一件最好的事情了。

还有另外一个例子，也非常能说明“互动”给我们带来的意义。

以前在阿里巴巴的时候，我们经常用一种叫作“AB测试”的工作方法。就是在做一款页面设计的时候，做两个版本，比如一个版本把登录注册页面放在一开始最明显的位置，另一个版本则把精彩的内容和优惠的商品信息放在最前面，登录界面放在最后，然后用技术的方法，把普通用户浏览页面带来的流量一分为二,一部分人看到的是页面一，另一部分看到的则是页面二，分配方式当然是随机的。这样在一段时间之后，我们就可以看到，用户在这两个页面所表现出来的点击行为不尽相同，也许看到页面一的用户登录的更多，看到页面二的用户转化成购买的更多，最后根据我们当初的设计用意选择其中一个。

我们可以看到，如果没有互动，我们就不可能在短时间之内搜集到大量用户的反馈，而且还是那么直接、明确的反馈。

现在还有不少生产型的企业，在做出生产决策时依靠的都是它们往常的销售经验，可在一般情况下，只有到这一批生产出来的产品发放到销售环节之后，它们才能知道自己猜得对不对，因此它们难免要背上库存的风险和压力。而假设它们能在生产前捕捉到真实、有用的消费者需求，那么，当它们在面对生产成本、库存风险的控制时，是不是就可以更加得心应手一点儿了呢？

所以，C2B（消费者需求对企业供应）的可能性，可以说完全依赖于这种互动，高效、实时的互动。我们刚刚提到的代运营服务商就是通过理解用户的反馈，去影响品牌商的选品和价格，这就是一种初级阶段的 C2B。假设它们之后还会阶段性地搜集消费者需求，分析需求趋势，向品牌商提出定制产品的需求，那么该品牌也就进入到了 C2B 的实质阶段。

当然，我们说的互动必须是有效的，“有效”是指两端的反馈能被准确地对焦到同一个点上，能使反馈和改进在这个点上快速有效地进行交互，比如：这件衣服是有花纹的好看还是单色的好看？这个问题非常聚焦，也非常结构化。如果大家觉得单色好看，那我们这一季就多生产单色的产品，互动的结果非常有针对性。如果被反馈的对象缺少结构化的基础，反馈又过于泛泛而谈，互动的效率就会大受影响，就不能起到撬动市场的作用。

这让我想到了我自己目前正在从事的文化内容行业。目前，各种文化产品基本都完成了“上线”过程，音乐有数字音频，书有电子书，连电影都有了网络大电影，虽然各种内容平台从来都不缺少互动机制的设计，比如评论、点赞、转发等等，但因为内容产品太难结构化，反馈要么过于笼统（点赞不点赞不知其原因），要么如同一篇散文一样，让人抓不住准确的问题。所以，我们仍然只能在缺失有效互动的暗夜里，摸黑前行，创作之时，在心里默演千百遍读者和观众看到时的反应，然后惴惴不安地直到面对大家的那一刻，听从命运和上帝的安排，即使最终被用户所接受和喜爱，我们也可能并不能确定，到底是哪片云彩下了雨。

联网：边界和协同带来的价值加乘

2014 年年初，我在美国加州游玩的时候开始使用打车软件 Uber（优步），良好的使用体验给我留下了深刻的印象，以至于后来当它来到国内后，我就立刻成了它的忠实用户。我们一行两个人，在旧金山从住处打车去找一家独立书店，以我们蹩脚的英语水平很难向那位中年的 Uber 司机解释清楚书店的具体位置。司机跟我们摆摆手说，“never mind”（别担心），因为 Uber 植入的 Google 地图导航模块已经清晰地指示出了路线。我们上车之后，Uber 的界面上还出现了目的地附近的特色饭店、咖啡馆的推荐列表，而且每条推荐的后面还清楚地显示出这家店的风味以及星级。原来 Uber 还接入了美国最大的点评网站“yelp”的服务模块，这些餐饮信息的推荐就来自于 yelp。

我们当时还吐槽说，国内的互联网大佬们，做了打车软件的喜欢自己研发定位和导航模块，地图做得好的则想着自己来做 O2O（线上到线下）业务，谁都不愿意主动对外输出自己的技术和业务成果，更不愿意共享用户。不像人家，不同类型的互联网公司，彼此各展专长，相互输出专业模块，互为补充，以期在同一个场景中给用户带来最为完整和流畅的体验。

这种相互输出、互惠共荣、多线关联的链接方式，我们管它叫“联网”。

在此之前，我们所讲的上线和互动，主要还是围绕着价值的输出端和输入端，以及这两端之间的连接。当我们沿着一条价值链纵深地看下去，或者稍微综合一点儿地去理解用户需求时，我们就会发现，单线的连接还是远远不够的。在实现单线连接之前，每一个产品，每一个人都是信息孤岛，在单线连接完成之后，虽然它们可以找到彼此，但相对于整个信息世界来说，它们仍然是孤独的节点，只是原来一个个体的节点变成了包含两个个体的节点。只有每一个节点都向外延展，分别和更多的个体相互连接成线，或者和其他类型的个体相互交融成为更大的节点，才能真正改变信息孤岛的状态，因为这个时候，“网”出现了，每个个体都成为信息交换的参与者，每个节点

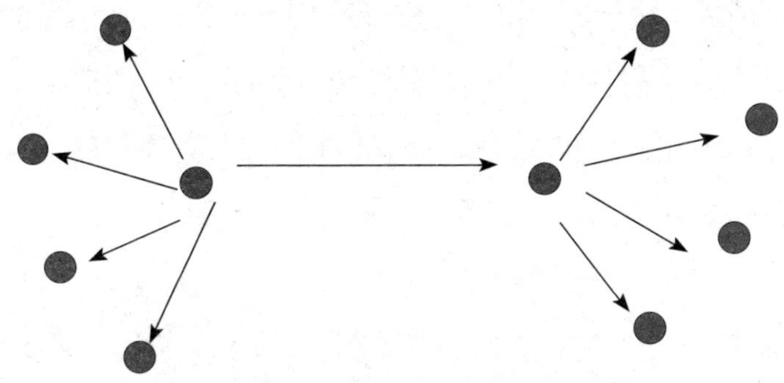

图 10　联网前“端到端”的价值传递模型

都在同一时间完成了大量的信息交互工作。如果这个时候，每一个节点的互动，都以有利于彼此交互的方式来处理和使用信息，那么，整个网络中流通的数据，将会形成一种聚变，为每一个参与的个体都带去更大的商业价值。

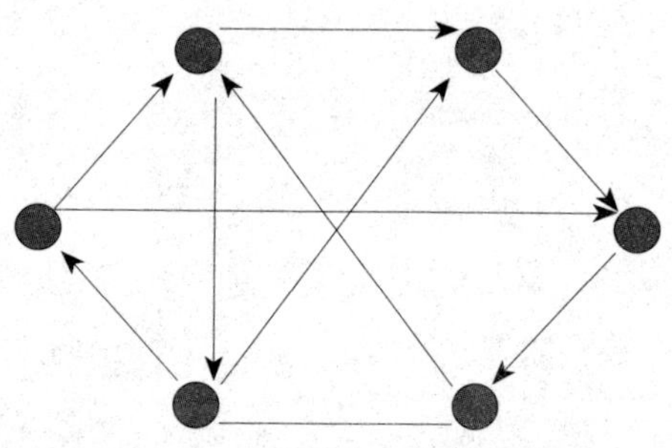

图 11　联网后的价值链连接方式模型

让我们回到双 11 来看看联网的现实例子。我们看到的双 11 成交额，其实只是整个联网市场成交额的一部分，还有很多默默赚钱的“背后产业”，是我们比较容易忽略掉的。比如，每一年双 11，参与的商家基本都会提前两个月就开始准备：策划本店活动，做好老用户的服务和新用户的推广；按照当年双 11 的主题和玩法，再结合自己品牌和店铺的特征，为店铺页面专门定制一些设计和版式；选择双 11 主推的品类和参与的产品，为每一件商品拍一套适合在双 11 的时候使用的图片；为保证双 11 在大量的用户和交易订单涌入的时候，店铺里的服务不会出错，营销推广信息以及配送和发货信息也都不会出错，商家们可能还需要在筹备期内对自己的店铺后台管理系统进行升级更新……

天猫、淘宝，整个阿里系的电商平台，为上述每个需求都准备了一个对应的市场。在每一个市场中，商家成了买家，提供店铺设计、模特拍摄、系统软件等诸多服务的服务商们成了卖家；在每一个市场中，至少存在一对不一样的由在线和互动关系串联起来的线形连接。当这些线形连接被汇集到原来的商家时，商家原本提供给消费者的体验变得更加丰富、更加完整了，商家输出的价值自然也就被放大了。

当这些市场中包含的单线连接彼此交织或者彼此关联，互动过程中所产生的数据相互贯通或者相互印证时，“联网”就产生了。每一个参与其中的人都不需要面面俱到，只需要精于自己的专长，清楚彼此的界限，在向整张网络输出自己价值的同时，获取网络带来的输入，有机地成为一个网络节点。

联网的程度，和各个环节上线的推进程度是紧密相关的。如同上述例子，商家的需求和供给之所以能联网，是因为向商家提供服务的服务商们都纷纷地上线了，一旦某个环节在网络中“失联”，那么它所代表的某部分价值可能就是缺失的，整张网络的商业价值和数据价值，都会受到影响。

一经联网，我们会发现至少两个变化：第一，每个个体都有可能成为价值的输出者。消费者和经营者之间的界限变得模糊了，只要拥有专长，只要能提供价值，就能产生连接，就会作为被需求方连接进网。所以未来，经营者在组织关系上，“企业”的形态可能很快就会被突破掉，取而代之的是更多个体，或者更多灵活的组织形态。第二，以后衡量一个企业的优劣，可能不再是生产规模的大小，或者此时此刻的盈利能力，而有可能是它的联网状态，它在整张网络中连接的深度和广度，以及在联网状态中的主导程度。这个主导程度可能取决于它在数据流通中所起到的关键程度，对数据的活性和数据的增值贡献越大的经营者，在联网状态中享有的主导权和主动权相对也就越大。

可能有两种模式的企业会因为其在联网的广度或者深度方面的优势，而获得商业上的绝对优势，一种是“平台型”的企业，另一种是“工具型”的企业。平台型的企业，比如阿里巴巴，在阿里巴巴的大平台上，有无数的商家、服务商和消费者，有非常多不同类型的交易，如果把阿里巴巴看成是联网的参与者，那么它和这些商家、消费者、第三方服务商就都是连接状态，它在这些角色当中有着最为强大的联网状态，它参与了每一个节点的数据流通，因此它可以做到只向每个交易收一点点的钱，而这些钱汇聚起来就是很多的钱，并且在不停地增长。工具型的企业，比如地图导航，看地图、用导航，这是一种刚需，通过这个刚需的切入，可以使大量的用户接受并使用这个工具，于是它也能在连接用户这个方面做到很大的广度。

我们来看一下“联网”的实际效应。可查询到的数据是：阿里巴巴集团副总裁、商家业务事业部总经理王曦若在2015年1月的服务商年会上披露，2014年服务商的整体交易规模同比增长72%，服务商数增长64%，第三方服务以及代运营服务商的市场规模已经达到千亿元人民币。我们可以看到，“联网”每一次在深度或者广度上的延伸，都有可能为我们所期待的商业价值，打开一片新的天地。

从这个角度看，2015 年双 11 所产生的交易规模，包括跨境交易和农村电商的大幅覆盖，是将各种参与者放在同一张网络里，自动和自发地进行共同协作和相互联动所带来的结果。这张网络，像是已经有了自己的思想和节奏，它在自己推动着自己往前走，这使得最终的结果看上去既像是一个自然而然的结果，又令人惊喜的奇迹。

请大家忘记“互联网 +”

其实，“互联网 +”在被提出的时候，就已经没什么前瞻性了，这么说并不是指互联网只是一项技术或者只是一种工具，而是说互联网在演变的过程中，正在逐渐突破自己以往的形态。随着我们前面说到的“联网”不断地拓展自己的广度和深度，每个人、每个组织、每一件东西都会被关联起来，而且关联得越来越实时，越来越紧密，这个时候，互联网可能就不再是我们以往所理解的那样了，它变得像美剧《疑犯追踪》里面那个“machine”（机器）一样，无时无刻、无所不在。

阿里巴巴的战略官曾鸣教授不止一次地提到过无人驾驶汽车这个例子。如果说今天的打车软件，把地图导航以及基于定位的信息推荐这些节点关联到了一起，在一定程度上形成了联网，那么，无人驾驶汽车就是让汽车作为终端上线，并和原本这张网络形成互动，交互所有的地图导航信息和所有的交通信息，使汽车终端也被连接进了网络。然后，这张网络就更强大了，可以说，因为交通信息不对称而产生的问题，最终可能就会在这一步的联网过程中得以解决。比如，每个人都可以驾车上路，而不需要掌握开车技术；或者，交通拥堵的问题有望在实时匹配交通路线信息的过程中被解决掉。

这就是很多人所说的“物联网”。有人说，互联网即将消失，取而代之的就是物联网，关于这一点，可以说是，也可以说不是。从本质上来讲，互联网和物联网仍然是同一回事，它们都是基于信息技术进步而产生的，物联网可以说是互联网的延伸，互联网把信息的链接连接到了人（和组织），物联网则是把信息链接推进到了所有的一切之中。

但技术进步所带来的最重要的影响，绝对不只是技术形态上的变化，我们需要明白，任何重大的技术进步，都会连带着科学、商业、社会形态，甚至世界观层面的巨大变化。我们要尽可能地去理解这种变化的本质，否则，如果只把技术进步当成工具，恐怕我们就无法很好地利用这种工具了。互联网，其实是一种思维方式和协作方式，其核心就可以理解为“上线”“互动”和“联网”，物联网也是。

第二节　阿里是如何打赢双 11 移动这场仗的

时间倒回 2013 年，那一年的双 11 成交额比前一年翻了将近 6 倍，但是当时手机淘宝的 DAU（客户端每日活跃用户数）只有 2 000 万，而那个时候，全国城市智能手机的普及率已经达到 47%，擅长社交的腾讯早就推出了微信，并且早在一年前，就奠定了自己在移动端的霸主地位，成为继 QQ 之后第二个巨头级的 APP。更有众多中小型应用纷纷从无线端生长出来，直接切入电商模式，大有瓜分阿里系电商业务的势头。

从 2010 年、2011 年开始，互联网用户就快速地转移到了手机端，更多的无线入口正在被打开和抢夺，任凭双 11 的销售额再高，如果阿里巴巴不能在无线端拥有一个强势的购物应用，不能像 2005 年打败易趣时那样打胜这一场仗，那么接下来可能就不会再有双 11 了，原来庞大的电商业务也会被蚕食，可能到最后会瘦成连马都不如的骆驼。

时间跳转到2015年的双11，在总成交额最终定格在912亿的同时，无线端的成交占比达到了68.7%，其中，青少年双11使用智能手机血拼的比例高达90%，女性购物群体75%，连中老年群体使用手机下单的比例也比前一年翻了一番。

也是在2015年，手机淘宝的DAU也达到了1.3亿~1.4亿。从数据结果上看，我们终于可以说，阿里巴巴的电商业务这才跨出了PC时代，没有输掉移动端战略性的这一仗。

中间这两年发生了什么，这一场仗到底是怎么打胜的，手淘是怎么在微店和外围各种形式的电商APP的包围下巩固自己的江湖地位的，双11又是怎么完成了从PC时代到无线时代的无缝对接，这些问题，我们将在接下来逐个解答。

要前进就要拥抱新思维

阿里系的电商业务，其实从2009年就开始布局无线端口了，阿里巴巴总是能在战略布局上快人一步，但这好像并没有用，像是起了个大早却赶了个晚集，它在这条路上一开始的运气并不大好，2009~2012年，在无线端一直也没有获得具有突破性的进展。

我们在前文说到过，有不少传统企业认为互联网就是一个工具，只要会用它就好了。这种惯性思维其实是人之常情，对于在PC时代成长起来的互联网企业来说，恐怕在最初面对“移动互联网”的时候，也容易被类似的思维困住。阿里巴巴也一样，执行无线战略的指导思想到底是“跨终端”还是“mobile first”（手机优先），一开始也没有人能说得清楚。

持跨终端思路的人认为，移动互联网只是比以前的 PC 多了一个展现端口，互联网用户的行为习惯已经养成，在手机端会有所延续，我们所有在 PC 端部署的业务，只要按照手机屏幕的特点，重新编排展现逻辑再部署一次，就可以完成从 PC 到无线的跨越了。

在开始的那几年，大多数人都是持“跨终端”理念的，所以在那个时候，阿里系的 APP 集体表现出了一种“PC 的延展”状态。

当时的手机淘宝有两种版本，一种是在手机浏览器中打开淘宝网时展现的 wap（无线应用协议）版本，另一种是客户端版本（包括苹果客户端、安卓客户端等）。wap 版几乎完完全全是 PC 页面在手机端的再次展现，布局一样，用户路径也基本一样，客户端版本同样也保留着很多 PC 页面的交互方式。

以下这两张图，是大概在 2010 年 5 月左右发布的手机淘宝某个简单版本的首页截图，分别是第一屏和最后一屏。通过这个界面，我们可以清楚地看到，当时的核心理念和 PC 端页面没有区别，还是突出搜索和品类导航。看得出，运营团队在文字链上下了很大的功夫，变化出很多的“标题党”，但这种运营思路其实是 90 年代门户网站使用的，手机屏幕原本就那

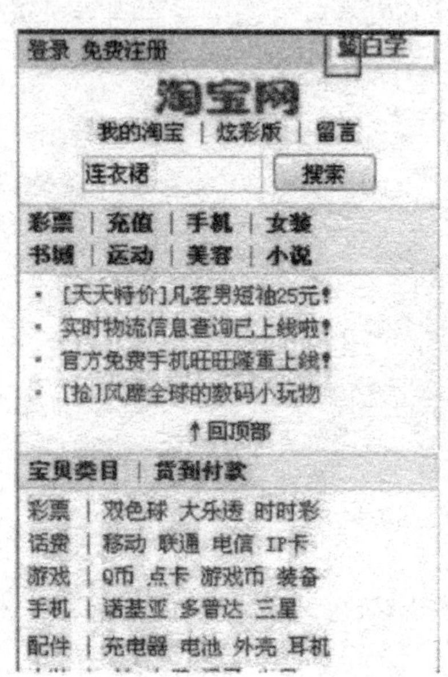

图 12　手机淘宝早期 wap 版面截图　　图 13　手机淘宝早期 wap 版面尾页

么小，而且当时手势触屏还没像现在那么普及，那么密集的品类导航，那么窄的文字链，让用户怎么快速地辨识，怎么便捷地点开？

那几年的双 11，也笼罩在这种思路当中。PC 时代的活动会场，为了让大家的购物路径最短，会场首页排列着很多直接展示商品的坑位，一屏大概有 6~8 个，总数根据各个活动的需要而定。这种坑位叫作“海景房”，海景房能带来的流量非常可观，历来是商家们的必争之地，双 11 这种活动，对海景房的争夺自然更加激烈。活动之前，所有参加双 11 的商品都要上预热会场进行赛马，同品类产品的展现机会相同，预热结束之后，谁被加的购物车和收藏夹最多，在当天的会场上谁就会拥有更多的展现机会。

不管外界移动互联网的风潮已经如何风起云涌，2013 年的双 11，无线端的展现仍然沿用了这种赛马机制和海景房的展现方法，直到 2014 年，仍没有被完全抛弃。据说，这么做的原因主要是因为双 11 需要把商家都调动起来，配合天猫支撑双 11 所需的打折力度、商品丰富度以及服务，如果不给商家们提供具有确定性的展现机会，商家的积极性将受到严重的影响。

这说明，2013 年，阿里巴巴的电商业务在无线端的布局，更像是互联网的终点，也就是更偏重于商家，更偏向于商品展现的这一端，这和在 PC 时代把自己定义成“平台”，是一脉相承的；而移动互联网的价值更多集中在互联网的起点，也就是更靠近普通用户的这一端，如果用户不能很直观地看到自己喜欢的东西，不能很直接地获得“逛”的乐趣，很可能就不会表现出像 PC 端那么大的耐心，容易被其他应用吸引走。而且，海景房也确实不适合手机屏幕，一屏展现 4 件商品，手机端用户翻页的次数远不如 PC 端，每个用户实际上看不到几件商品，如果单纯借助于这种方式，参加双 11 的商品总数有上千万件，能得到展现机会的却寥寥无几。

那么，“mobile first”又是什么呢？“mobile first”的内涵在于，移动互联网最大的改变就是终端变了，也就是互联网用户上网的介质变了，用户在触网端口的需求和体验要求也会发生变化，那么，在移动端的部署，从业务到产品再到技术，都应该首先站在移动端的角度去切入，才能保证解决问题的方法没有过时。

举个例子，2015年双11，我们看到，购物人群不再像以前那么高度集中在18~25岁的年轻人，70岁以上的老人成了人均消费最高、增长最快的群体；全国购买人数增长最快的前5个省份，全部集中在中西部地区，西藏的增长率也达到了45%~50%，历史上第一次超过了以往网购最发达的江浙沪地区；双11当天的成交曲线，形态也和前几年有了明显的区别，顶点不再那么高，整体保持一种平稳增长，即使出现的几次小高潮，时间也和以往有一些区别。比如，以往白天的第一个高点一般会在10点钟左右出现，而2015年的双11这个高点在早上七八点就出现了，以往晚上10点以后，成交结果就基本明确了，后面两个小时很难再被拉动，但2015年双11当天最后的两个小时贡献了将近100亿元的成交额。

以上这些都是移动互联网带来的变化。介质改变之后，至少发生了三个重要的变化。首先，用户端口变得越来越个人化，PC机在很多时候连接的还是组织、家庭或者单位，但手机连接的只有可能是个人，所以我们会看到像老年人这样原来在 PC 互联网时代缺失的用户，在移动互联网时代出现了。然后，移动互联网突破了以前互联网没有突破的地域限制，这其实是上网条件不同带来的客观结果，所以可能要不了多久，包邮将不会再是江浙沪的专享了。再有就是场景变了，以前大家上了班，打开电脑，就会习惯性地打开淘宝看一看，晚上吃完饭闲来无事，再上淘宝逛一逛，手机让这些举动变得随时随地都可进行，早上在公交车上、地铁里，晚上睡觉前，甚至在开会时，我们都可能会在下面开个小差，刷个淘宝。

仅从商业运营方面来说，上面这些变化足以促使双 11 必须做出一些调整，比如每个参与的商家都要做的重点商品展现和库存策略，不能再像以前那样，以为集中安排在几次流量高峰就万事大吉了，现在需要做的是全天候的运营策略。再比如选品，以往天猫选择品牌，商家选择商品，都倾向于选择容易受年轻消费者青睐的，款式新颖，颜色艳丽，价格上具有一定的优势，但当手机把用户群体打开之后，一些注重实用性和性价比的用户占领了一定的份额，成为商家不可忽略的消费者群体。

我们把目光从双 11 跳出来，其他一些数据也会告诉我们移动互联网到底还有哪些不同。

双 11 的数据告诉我们，用户可能随时在线，但同时，手机淘宝发现，用户的平均在线时长大大降低了，每次来可能都只停留 3~5 分钟，这么短的时间也就刚够用户上线打开交易记录查询一下物流进度，这就需要我们改变以前以营销为导向的产品设计，把用户路径变得更轻更薄，让用户能够快速上手，并且没有负担。手机上网，让互联网连接到了个人，也就是说，移动互联网天然带着地理位置的属性，只要用户当下的位置被读取被连接，就可以产生很大的价值。而且，手机比电脑拥有更多的输入和输出方式，语音、摄像头、传感器等，这些工具可以随时被转化成信息流，作为和用户进行交互的方式得到应用。我们今天看到的很多应用，正是基于这些特征而来的，比如之前提到过的地图、导航服务，就是基于用户地理位置的应用；比如几乎每个姑娘手机里都有的“美图秀秀”，就是基于摄像头这种输入模式而产生的，手机淘宝的“试妆台”也是使用了摄像头输入模式，把自己拍进去之后，可以尝试不同种类的眼线、唇膏，对比色号，再进行选购。我想，基于摄像头，用不了多久，我们应该就可以通过利用AR（增强现实技术），获得一种更具商业价值的应用场景。

还有一个经典的案例可以说明“跨终端”和“mobile first”的差别。微软当年开始做手机（win mobile）的时候，比苹果更早地使用了手势触屏技术，但是，它们的设计居然是在屏幕中间显示一个长得像指点杆的按钮，想要移动屏幕里的光标，就要把手指按在这个位置像使用笔记本电脑那样操作，在做“选取”动作的时候，要像使用鼠标那样在屏幕上双击。在今天看来，这样的设计简直不可思议，既然都已经可以做到触屏了，为什么不通过手指和屏幕之间的接触，直接进行交互，而非要沿用电脑的操作呢？正是微软的这些失误，给苹果带来了巨大的机会。

说到这里，我们基本上可以总结出来，“跨终端”主要源于以往的惯性，而“mobile first”则更具有创新的视角，更有一种主动拥抱移动浪潮的姿态。2014~2015 年，阿里巴巴的电商业务能从 PC 端成功过渡到无线时代，在很大程度上都有赖于思维方式从“跨终端”向“mobile first”的转变。

当然，这两种思维也不存在绝对的对错。甚至，有可能，移动互联网再往后发展，这两种方式会以一定的形式共同存在。现在的 APP 都是要基于苹果或者安卓或者别的操作系统进行开发的，相对以前以网页为主要形式的设计，交互、信息、场景、计算等等，在一个 APP 被封闭了之后，每个 APP 都将变得更独立、更具特色或者更垂直。但正是因为这样，每一个 APP 能集成的信息和数据都是有限的，单独进行开发和利用，价值也是有限的。

APP 是基于手机这种介质连接用户的一个个端口，这些端口的背后需要有“平台”支持。各个端口通过使用平台所提供的工具和服务，进行更高效地研发和迭代，使得相互之间的连接更容易进行，互动能够更充分地展开。通过平台，各个端口还可以完成更大范围的数据集成和互通，经过平台端流通的数据，在活性上肯定要优于端口自身的数据积累。

所以说，未来可能还是跨终端的，跨终端也不再是电脑端的场景和无线端的相互延伸，而是各种端口与“云”的结合。我们以端口的特征为先导，一切围绕着与用户的高效互动去进行，而云则是指平台级的工具、服务提供能力，甚至跨平台、超大量级的云计算能力，两者相辅相成，缺一不可。

移动互联网真的等于“去中心化”？

为什么2015年“网红”（网络红人的简称）成了新热的模式，并不是因为有网红做了天王嫂，而是因为移动互联网，这是真的。

有人记得吗，1998年还是1999年的时候，我们打开电视机，10个卫视频道有一半在播有周迅参演的电视剧，那一年也被叫作“周迅年”。周迅当时为什么那么红，除了她本身的特质之外，也是因为观众看到、了解一个演员、艺人的途径太少了，渠道太窄了，留给想要表现的人的空间也就更小了。今天，一切都变了。有人想要红，能借助的工具不再只有电视屏幕和电影院线，还可以借助于豆瓣社区、微博、微信公众账号、各种网络视频、自拍直播等方式，通道分散了，抓住人们注意力的机会也就变多了。而且，这些方式的互动性更强，所以就出现了更平民化，更接地气，种类和数量上都比过去更丰富的红人。

这种形式新颖的渠道的兴起，为某一个领域贡献了可观的增量，甚至在一定程度上取代了该领域中原来某些处于中心位置的渠道，很多人称它为“去中心化”。

2015 年的双 11，也通过一些“去中心化”的方法，在无线端取得了成功。

前面我们说到过，在用户原来的购物路径中，主要匹配方式是搜索、品类导航和“海景房”，都是通过中心化的方式来分配用户流量。但在无线端，由于屏幕的大小和交互方式的不同，品类导航和“海景房”都不能再发挥像以往那么大的效用了，况且用户数量和商品数量还在不断地增加，我们需要通过别的方式，让更多的用户需求和更多的商品进行匹配。

每年双 11 之前，我都会先列好一份购物清单，哪些是每年都要买的年货，哪些是今年特别想买的东西，哪些优先级较高要先去抢下来，哪些可以留在后面慢慢看，都会被列在这张清单上。不知道大家是不是都会有一份类似的清单，如果把我们每个人的清单都摆到面前，可能我们会发现，我们感兴趣的东西都不太一样，即使关注的品类是一样的，可能喜欢的风格，倾向的颜色等等，也不太一样。既然大家的需求是不一样的，为什么要给大家看同一个会场呢？

于是，天猫就在 2015 年的双 11 做了个性化的调整，从预热开始，直到当天的无线端会场页面，全部根据用户曾经的浏览习惯和加入购物车、收藏夹的情况，以及用户可能会产生兴趣的同类推荐进行展现。

既然“去中心化”的尝试如此成功，那么我们是不是可以说，以后我们就只有这一条路了，中心化的匹配方式终将被去中心化所替代，中心化的模式将不再有任何出路，进而我们是不是又可以预测社交、社群、社区这样的模式，会逐渐侵吞掉原来的电商平台，各类APP会像满天繁星一般，密布在整个移动互联网中，而每一个APP会或多或少地黏住一部分用户？总之，不会再有一条主要的路径，不会再有一个主要的通道，所有的一切都将向外散去。

很多时候，趋势和潮流发生了，这是事实，但永远不会发展到极致或者说极端，这也是事实。“去中心化”是趋势，但更确切地来说，这个趋势应该是“变得不那么中心化”，“中心”可能永远不会有完全被去除的那一天。

从2013年开始，就有很多人在替阿里巴巴感到担心，担心那些有社交属性的应用，特别是微信，长得越来越大、越长越壮，继而像微店这样的模式会逐渐侵吞掉阿里巴巴的电商份额。到了2015年年底，我们已经看到，原本被看好的微商，发展远不如想象，微店虽然有了千万级的用户，但基本都是卖家，真正被微店吸引住的买家并不多，没有购买流量，仅有一个开店工具，对微商来说，也并没什么吸引力。不仅是微店，整个微店行业加起来，至今也没有对阿里巴巴的电商业务形成真正的威胁。究其原因，就跟“中心化”和“去中心化”有关。

对普通消费者来说，购物这件事情，天然需要中心化的发现路径。可以想象一下，如果购物行为的发现路径完全依赖于社交，我们见到的东西就可能永远在几种类型中，永远在一个范围内，而超过这个范围的东西，不代表我们不感兴趣或者没有需求，如果没有中心化的路径，我们找到这些“新”东西的成本反而可能会增加。

举例来说，我们都知道，尽管互联网连接了全球，但是国际四大时装周，仍然是世界服装时尚和流行的风向标，每年全球最时尚最前沿的人们汇聚在四大时装周里，为的就是在这个中心去观察和感知潮流最前沿的变化。这个中心，它从未消散过。

可能有人会说，那我根本就不关心时尚呢？它对我来说就不是中心。首先，这和有还是没有这个“中心”存在，是两回事，有它存在，我们可以不关注它，但如果没有它存在，我们可能连自己喜不喜欢，有没有这个方面的需求都不会知道。其次，我们可以不关心服装，不关心时尚，但我们也许关心美食，然后关心米其林，那么，即使米兰时装周对我们来说不是中心，我们也会有米其林这个中心。

所以，“去中心化”不是极致的，只是“中心”比以前更加多了而已，即使移动互联网把每个人都连接进了网络，在整张网络中，一样会形成凝聚力更强，辐射面更广的节点，这些点一定会在某种意义上扮演“中心”的角色。以后，各类 APP

肯定还是会拢缩，每个领域留下两三个APP也就基本饱和了。

也许，中心化和非中心化相结合，才是比较恰当的方式。打开现在的手机淘宝，我们可以明显地看到中心化和非中心化的匹配方式，有机地共同发挥着作用。首屏依然有搜索，不但有关键词搜索，还可以使用摄像头直接拍照搜索；然后是导航，俨然就是hao123（百度旗下网站）的导航方式，把我们引向各个模块；往下滑动，“有好货”“爱逛街”等导购模块，把社区和个性化这两种非中心化的方式结合在了一起。在这一屏的页面中，用户的路径变得更加丰富了，在一些场景中，我们可以只选择自己关注的范围，看那些知道自己有可能会喜欢的东西，而在另一些场景中，我们则需要去查找，才能找到我并不熟悉但正好需要的东西。

而且，中心化和去中心化之间，并没有一个分明的界限，我们需要的是掌握平衡。如果我们更倾向于向消费者提供明确的商品质量和清晰的服务标准，那么我们应该更倾向于使用更具控制力的方法，更多地用中心化的方式去进行连接和匹配。如果我们提供的商品和服务本来就是比较标准的，那么我们也可以选择倾向于中心化的方式，这也是为什么在数码、电器这个大品类里，京东做得要比淘宝、天猫好的原因。相反，如果我们希望出现更丰富的多样性，我们就应该依靠每个人的力量，把每个人都当成一个有效的节点，用更加去中心化的方式激活每一个节点。社交和社群，人和人之间、节点和节点之间的关系，天然就更加具体和强烈，所以更偏向于这一类的应用和业务，就更适合用去中心化的方式运作。但电商业务所积累下来的“关系”，本质上就是弱关系，可以形成社区，却可能永远无法形成社交，这样的模式就不太可能完全脱离中心化。

打赢这一仗，只需要做三件事

目前，手机淘宝的负责人南天（花名）告诉我们，从 2014~2015 年双 11，打赢这一场仗，核心只做了三件事。

前两件事是相对比较技术层面的。手机淘宝，一个 APP 几乎包含了阿里系面向境内消费者的所有电商业务模块，这些业务模块的逻辑各不相同，技术的耦合性太强，相互隔离性太弱，往往一个模块发生变动，牵一发而动全身，于是，APP 就失去了快速应变的能力。所以第一件事就是改变技术架构，把大家都模块化，把相互之间的影响降到最小。经过这样的技术调整之后，手机淘宝 APP 的更新周期从每两个月一次提速到每周都可以有一个新版本，原来每次都需要用户手动更新，而在有了 WiFi（无线网络）的情况下，用户端可以完成静默更新。第二件事，在从跨终端过渡到“mobile first”之后，我们会发现，在移动端上，用户体验的标准是缺失的。我们在使用某个 APP 时可能会觉得它费电、费流量，但实际上，怎样才算不费电、不费流量，怎么样的互动速度才是顺畅的，并没有人能给出具体和清晰的回答。2014 年的双 11，无线端做了一项准备工作。年初的时候，一个用户从打开手机淘宝开始，启动APP、加载、搜索、展现出商品、加入购物车、下单，不假思索地完成整个过程，要花25秒，那一年无线团队定下的目标是：在双11之前优化到10秒。做到这一点看似只是提升了速度，但实际上，需要在用户的整个行为路径上建立技术优化的闭环，先定义技术标准，比如在3G（第三代移动通信技术）状态下加载页面要在1秒之内完成，然后用这个技术标准去检测用户的体验是否得到了满足。即使在技术上已经做到了1秒内加载完毕，可仍有相当一部分的用户行为都中断在加载这一步，那么，这个技术标准也需要再次被拔高。阿里巴巴就是这样，通过技术的不断提升对用户体验形成优化。

第三件事则是把原来淘宝、天猫运营主导的方式，改变成产品主导，而产品主导最重要的部分就是发现机制。从跨终端的方式过渡过来，手机淘宝中心化的路径比较强势，也已经基本成形，产品主导实现的重点则是非中心化的发现机制，主要有两种：社区化的业务方式和个性化推荐。

前面我们说过，在淘宝、天猫这种平台型电商业务里，只有弱关系，偏要做社交很有可能事倍功半，做社区才是首选。比如，在商品页面展现评价和评论的模块里，添加一个“问大家”，意思是有什么在看过商品信息和以前的评论之后仍然没有掌握的信息，不妨在这里问一下已经买过的人，说不定有人愿意帮你回答。这很像百度知道，是一个典型的社区应用，有利于大家共享经验，非常适用于购物当中，让要买的人和买过的人发生这种关联关系。

至于个性化推荐，我们通常理解的就是商品推荐方面的个性化，其实个性化还包含在看上去比较统一的交互结构当中，实现各个入口的个性化。现在打开手机淘宝页面，我们每个人看到的页面结构基本是一样的，但我们在每一个模块上看到的图片和文字，却有可能是不一样的。比如“有好货”这个模块，每一个人在这里看到的商品推荐都是不一样的，推荐结果是通过计算我们每个人搜索、浏览、收藏甚至购买的行为数据得来的。一开始，在首页“有好货”这个模块的入口处，展现的图片和文字是一样的，而且是相对固定的，用户可能会认为里面的内容没有进行更新，于是就不会点进去看，后来做了一次调整，用户每次打开，此处的图片都会发生变化，展现出来的是用户点进去能看到的某一件商品的主图，至于是哪一个，则是由一种轮播机制决定的，这次调整之后，这个入口的点击率提升了 20%；再后来，有的用户反馈，每次展现在这里的图片和点击进去之后看到的不一样，于是又做了进一步调整，用户每一次打开手机淘宝，“有好货”推荐给该用户的商品就更新一次，而且马上把更新以后排在第一个的那件商品的主图展现在入口处，让用户直观地就能看到，而且边上的文字，也会因为这件商品的不同而不同。这次调整是把商品的个性化推荐更加外化，更加直观地展现在了入口处，更贴近用户，互动感更强，这次调整直接把“有好货”在首页的点击率又提升了70%。

这三件事情，第一件是站在跨终端的视角来审视移动端在技术能力上的不足，并借鉴以前wap时期的经验和方法，提升技术协同的效率。第二和第三件事情，则是从“mobile first”出发，围绕着移动端独有的用户需求，提升产品体验和技术体验。

有的时候，我们并不需要做得太多，做好最简单的、最基础的事情，或者集中力量做最少的事情，这样才有利于我们看清楚关键问题，有利于我们把这些关键点打穿，看似不可能的任务才有可能完成。

第三节　玩数据就是玩营销

“大数据”这个概念，好像在 2013~2014 年的时候，作为一个互联网概念火过，后来也逐渐淡出了创业圈、投资圈和大众的视野。

事实上，“大数据”并非什么概念，数据是特别真实和客观存在的一种事物，由来已久，只不过，因为互联网对数据的传递、集成的速度，不断地加快，所以有很多互联网公司所拥有的数据量级，看起来比一般传统企业要大得多，不知道是不是这个原因，“大数据”成了一个互联网概念。

那究竟什么是“大数据”，它又会给我们的生活带来什么影响呢？不如我们用一个流传在网上的段子来解释一下，可能会比较容易理解。

一家比萨店，外卖电话响了，店长拿起电话。

店长：××比萨店。您好，请问有什么需要我为您服务？

顾客：你好，我想要一份比萨。

店长：请问您是陈先生吗？

顾客：你怎么知道我姓陈？

店长：陈先生，因为我们的CRM（客户关系管理）系统对接了三大通讯服务商，看到您的来电号码，我就知道您贵姓了。

顾客：哦，那我想要一份海鲜至尊比萨。

店长：陈先生，海鲜比萨不适合您，建议您另选一份。

顾客：为什么？

店长：根据您的医疗记录，您的血尿酸值偏高，有痛风的症状，建议您不要食用高嘌呤的食物。您可以试试我们店最经典的田园蔬菜比萨，低脂、健康，符合您现阶段的饮食要求。

顾客：你怎么知道我会喜欢这种比萨？

店长：您上周在一家网上书店买了一本《低脂健康食谱》，其中就有这款比萨的菜谱。

顾客：那好吧。我要一个家庭特大号比萨，多少钱？

店长：99元。这个足够您一家六口吃了。但您的母亲应该少吃，她上个月刚做了心脏搭桥手术，还处于恢复期。

顾客：好的，知道了。我可以刷卡吗？

店长：抱歉，陈先生。请您付现吧，因为您的信用卡已经刷爆了，您现在还欠银行 5 000 元，而且还不包括住房贷款利息。

顾客：那我先去附近的提款机取现金。

店长：陈先生，根据银行记录，您今天已经超过了日提款限额。

顾客：算了，那你们直接把比萨送到我家里吧，家里有现金，你们多久能送到？

店长：大约 30 分钟。如果您不想等，可以自己来取。

顾客：为什么？

店长：我这边看到您家的地址是解放路东段 22 号，距离我们店开车只有 5 分钟路程，您名下登记有一辆车号为 ××××××× 的轿车，这辆车目前正在距离您家不到两分钟车程的地方。如果您等不及，可以回家拿了现金就开车来店里取，这大概要花您 10 分钟的时间，正好是一个比萨出炉的时间。这样，您总共只需花 15~20 分钟就可以将比萨拿回家，比我们送货上门要快。

顾客差点儿晕倒。

这就是所谓的“大数据”，一家比萨店，因为把自身的

CRM 系统和各种网络数据进行了对接，变得仿佛无所不知、无所不晓，而对那个顾客来说，从上到下、由里到外，所有的信息都被整张网络全部掌握，还被商家进行了有效的利用。这就是大数据。

其实，数据这个东西一直都在，在上面这个例子中，大家不难看到，无论是电话号码、地址、家庭成员、医疗记录，还是信用卡消费记录、银行提款记录，这些数据信息一直围绕在我们的周围，一直都存在于我们的生活里。只不过，以前，因为没有方便快捷的工具，这些数据可能没有被完整地记录下来，或者记录下来之后都被孤立地锁在了仓库里，不但没有被有效地利用，而且还很难被准确地找到。互联网信息技术让这些数据的记录、集成、互通都可以在一瞬间完成，所以数据变得前所未有的大而全，并且衍生出各种各样的应用方式。

数据的应用目的是提升供需两者之间的匹配效率，在面向供应链侧，数据应用的主要作用是为不同的生产单元找到成本、效率最合适的匹配关系；而在面对普通用户、普通消费者时，数据的主要应用场景，还是营销。

上面这个例子，比萨店的店长，在一系列完整的用户数据的支持下，所做的就是一次完美的精准营销（虽然这个例子的营销是被动式的），通过数据实现了比萨和用户真实需求之间快速、良好地匹配。当然，我们这里说的营销是指广义上的营销，可以理解为，不惜使用各种方法把合适的东西卖给合适的人。例子中提醒顾客的身体状况以及家人的身体状况，这可以理解为增值服务，是有效的营销手段之一，是提升卖货转化率以及提升普通顾客到长期用户的转化手段之一。同样，例子中提到因为顾客的银行记录，建议使用现金，这是避免销售风险的有效措施，这虽然是风控，但也可以理解为整体营销策略的一部分。

双 11 和“猜你喜欢”

作为平台，对数据最直接、最有效的应用方式，也是营销。平台希望的是长久地留住海量的消费者，希望这些消费者能持续不断地贡献成交量。平台通过营销要实现的是持久的有活力的消费行为，需要为所有的消费者构建一个轻松、自在、简单、便捷的购物环境。于是，在浏览，也就是“怎么让消费者找到想要买的东西”这件事上，几乎所有的电商平台，都要解决这样一个问题：“猜你喜欢”。

双 11 的天猫也不例外，并且，当参与双 11 的品类越来越多，商品种类和规模越来越大，在消费路径上，内置一层精准度越来越高的“猜你喜欢”，也就变得越来越有必要了。

对普通消费者来说，“猜你喜欢”很容易被理解成，我需要买一个东西，除了输入关键词打开搜索列表之外，可能还有一个叫“猜你喜欢”或者类似称呼的入口，点进去之后展现出来的都是和我的喜好比较接近的东西。但实际上，对于平台来说，“猜你喜欢”不是一个入口、一个页面，也不是一个数据产品，一种数据模型，而是在消费者应用侧的一种数据要素。什么意思？什么是消费者应用侧，什么是数据要素？消费者应用侧的意思是，只要是面向消费者的，或者有消费者以重要角色参与其中的应用场景都应包含其中；数据要素是指，只要包含数据的计算和使用，就必须涉及或者使用某个元素。说得具体一点儿也就是，像搜索结果排序、广告展现概率、活动页面坑位的分布和排序等等，这些展现在消费者眼前等待他们去挑选商品的场景，无论商品分布所参考的主要数据元素是什么，“猜你喜欢”都必然是其中必不可少的一项。

对传统零售，尤其是超市这种零售业态来说，货架的摆放是一门很有讲究的学问，合理的摆放对消费者的购物欲望有着很好的带动作用。我们都知道的宜家，除了场景式体验之外，常常被人称道的另外一点就是：它的货架摆放为消费者勾画出了一条既能带动购物欲望，又有不错购物体验的行走路径。这种货架摆放设计也是一种“猜你喜欢”，只不过对传统零售来说，把更多的消费者吸引进来已是相当不易，所以路径足够长，就能让消费者在已有空间内停留足够长的时间，以确保所有的品类都能被到达，这成了货架摆放设计最重要的事情。另外，传统零售无法照顾到入场消费者作为每个个体的喜好，只能基于大众的消费心理，把成本小、复购率高的快消品放在最惹眼的位置上，以提升整体的动销率。

相对传统零售，电商最不一样的就是它的开放性，每一个消费者前一秒钟还开着 A 站点的网页，下一秒钟有可能已经转战到 B 站点了，两者之间不需要什么过渡，甚至不需要成本。所以，对于电商平台来说，留住用户的最佳办法并不是强制消费者的停留时间，而是帮他们更加快速便捷地找到自己喜欢的东西。“猜你喜欢”可以让整个平台的匹配效率得以提升。

我们在这本书里所说的“效率”，可能比较接近这么一个术语：一种现有的技术匹配方式能带来的交易效益增长的情况。特别是那些能让交易的双方在交易中获得更多收益的技术匹配方式，将会获得更多的成长机会和空间。这里说到的交易效益，也并不仅仅指东西是否卖得出去，如果单纯地讲把东西卖出去，那么村口每天卖油盐酱醋、香烟和冰棍儿的小卖部，应该是效益最高的。我们所讲的平台交易效益可以从两个角度来理解：一个是每一件商品和它的潜在消费者之间的匹配速率；另一个则是能够匹配到潜在消费者的商品量和商品类型在整个平台的商品当中的覆盖面积，或者反过来说，平台通过分发商品能够满足的消费者的绝对数量以及类型。

让我们举一些具体的例子来说明。以前，作为热爱美食的我们，买到阿拉斯加帝王蟹的概率有多高？即使在距离我们的住所不算太远的地方，有一个能买到世界各地生鲜的大型超市，想要买到它也仍然要以超市刚巧有货、我们有去超市的时间、我们刚巧去了超市（可能正好有别的东西需要购买）、刚巧看到的东西很新鲜并符合我们的要求为前提条件。不保守地估计，可能是一个季度一次。但是，网购，特别是跨境网购实现以后，所有的障碍都消除了，前面提到的4个条件随时都成立，只要我们想吃了，随时都可以买得到。这是第一个角度。

据不完全统计，2015年双11参与打折的商品超过10万件，那么多商品如果按照千篇一律的方式展现在每一位消费者面前，或者只能通过消费者主动的搜索才能依据需求展现出区别的话，10万件商品想要全部得以展现，得需要多少时间？双11当天的24小时肯定是不够的，把7个双11的时间加起来，也恐怕还是不够。当我们把“猜你喜欢”作为一个数据要素，放到展现端，在每一次供需匹配的过程中都做一次消费者喜好关联度的匹配，10万件商品就无疑会被打得更散，在天猫将近两亿的买家面前分布得更开更广，商品和潜在买家得以找到对方的概率也就更大，这就是从第二个角度来理解的平台交易效益的提升。

其实，不仅是在电商领域，在其他领域也一样，只要最终需要落地到面对普通大众的场景中，数据需要解决的首要问题，都是“猜你喜欢”。在我目前所从事的文化内容行业里，有不少人对数据仍然抱着嫌弃和鄙夷的态度，他们认为，至少在这个行业里，数据只能成为“马后炮”，在事后总结当中为“嘴炮”们提供佐证。可是，照样有一些浅显的数据实例可以证明，在“猜你喜欢”这一方面，数据是有用的。比如，广东省的电影院线，粤语电影的上映频率最高，票房成绩最好；像《战狼》这样的电影，北方院线的表现要明显好过于东南沿海地区；而上海永远是进口大片表现最好的地方。这样的数据难道不能为电影的发行和院线的排片做出指引吗？

“猜你喜欢”其实就是精准营销。在传统快消品行业，市场营销中有一项重要的工作叫作消费者心理洞察，在没有互联网的时代，需要先做大量的问卷调研和线下观测、数据搜集工作。和传统零售、传统市场营销工作一样，未来的互联网只会变得越来越拥挤，接触消费者的机会，即互联网所谓的流量，来之不易，流量在变贵的时候，如何把流量尽可能地转变为现实成交，这就是精准营销的任务，也是精准营销越来越重要的原因。

那些年，他们在“猜你喜欢”时走过的弯路

我从阿里巴巴离职之后，发现给自己的角色暗示变得非常有意思，每当我要说起一些光荣的往事时，我喜欢用“我们”，而当我准备吐槽的时候，我可以尽情地使用“他们”。我在标题里使用了“他们”，所以下面这部分是吐槽，你们知道的。

以前阿里妈妈（阿里巴巴集团旗下主营广告交易平台的公司）有一款类似“猜你喜欢”的数据产品，功能是在商家购买商业广告之后，在商品被投放到消费者面前展现时，加入一项对消费者偏好的算法，以确保消费者能看到他们感兴趣的东

西，从而提升广告的转化率，节约商家的广告成本。这个产品曾被淘宝、天猫里的商家广泛使用。大公司的产品就是这样，无论好和不好，在一开始总是很容易捕捉到一定的用户量。可是，很快大家就发现了槽点。你刚刚买下了一盏台灯，关掉交易订单页面回到“我的淘宝”，发现页面当中出现商品推荐的位置上，又出现了台灯，而且新出现的台灯居然跟你刚刚买下的那盏在款式、外形、材质上都是一样的，就是价格不一样，还便宜了一点儿，而且不多不少，正好是你会介意的那一点儿，顿时，刚刚还挺满意的购物体验一下子就变了，变得完全不满意了。还有这样的案例，因为家里办白事，买了一些丧葬用品，之后有一段时间，每次打开淘宝页面，尽管出于别的需要，之后还打开过虾米音乐或者土豆视频的页面，可是不知是什么原因，无论去到哪儿，仍会看到展现丧葬用品的广告。点进去都是淘宝店铺，你说烦不烦！

确实很烦，都买过了的东西，反反复复地再推荐，做数据应用的同学，你难道不知道，在刚刚买完之后的一段时间内，消费者的复购率是最低的吗？推荐一个同款更低价的产品，是存心想让消费者退货吗？“购买”这个动作，和喜好的关联度真的有那么大吗？大到从数据上不能分辨出本次购买行为只是基于本次需要还是基于长期的喜好吗？另外，我先解释一下为什么会有人感觉漫天遍野都是淘宝店铺的广告。这是基于广告联盟产生的，也就是众多中小型站点，可以把商家投放在广告联盟里的广告放在自己的站点上，如果来自自己站点的流量最终在商家店铺里形成了购买、产生了收益，作为站主的一方就可以以大家事先在联盟里达成约定的方式来取得广告收益，这种收益通常是 CPS（以实际销售金额按照事前约定的百分比给予广告分成）。当广告联盟结合了上面这种“猜你喜欢”之后，就很可能会发生到处都是丧葬用品这种无可奈何的广告推送的事情。

关于上面这种奇怪的推送结果，他们很快就收到了反馈，阿里人当然也很快就找到了原因：在“猜你喜欢”的所有数据维度当中，“购买”这种具有确定性结果的动作所占的比重相对太高了，“加入购物车”和“收藏”也是其中重要的维度，但如何分配比重，在不同类型的商品之间，对于不同的消费者来说，差异太大，很难找到一种普适的方法。他们不停地摸索着更深层次的原因，想要找到消费者个体之间的关联关系，并寄希望于通过找到“关系”来解决推荐的问题。我举一个例子，假设有一位消费者，刚刚收藏了一个大件家具，比如双人床，如果仅仅通过他自己以往在淘宝、天猫留下的消费行为来推断他的喜好，就极有可能不足以给他推荐更多他可能会喜欢的双人床，可能他正在装修，以前他没有产生过对家具的需求，所以历史里无从查找；也许他只是要给正在装修的朋友买一件礼物，即使找到了他既往所有的浏览行为，找到他的偏好，也很难摸索出他本次购买的真实需求，所以很难给出理想的推荐。于是，他们想到了，如果有了“关系”，这些问题就可以解决。比如他虽然没有买过双人床，但他的朋友当中应该有人买过吧，也许可以请他的朋友来推荐，如果他的朋友也没有买过，或许可以通过他的朋友的朋友的喜好来匹配出他最有可能喜欢的类型。

很快，这种希望也落空了。不，应该这么说，是这种希望在一次次的尝试当中，不断落空。淘宝、天猫分别尝试过很多次，希望能在消费者之间建立起关系，有的直接从和消费强关联的场景切入，有的企图从比较远的场景里绕回来，前者比如淘宝双12初创的“愿望清单”和“扫货小分队”（拉朋友组队拼团和商家砍价），后者比如早期的“淘江湖”等等。然而，没有一个成功过。我们在这里暂不以这些功能有多少用户来衡量成功与否，我们只以这些方式最终有没有沉淀为“关系”，以及有没有达到可以被数据化地进行应用来衡量它成功的程度。

为什么强大的阿里巴巴，也会在这个问题上徘徊那么久，反复试错又反复犯错呢？我个人的答案是，阿里巴巴在这个问题上搞错了前提。

“关系”这个概念来自SNS（社交网络服务），并于2009年开始风靡整个互联网行业。从那个时候开始，确实有一些外部模式通过建立人和人之间的社交网络，沉淀出海量的“关系”数据，这些关系数据也确实有效地被应用到了电商的范畴里，对商品推送、广告等业务起到了积极的作用。和我们在面对自己日常生活工作中遇到的问题一样，越是自己没有的，越是想要得到。阿里巴巴也是一样，作为当下中国最厉害的互联网公司之一，怎么可以看到别人做出了那么有价值的事情，而自己却没有？而且，在当时，整个市面上，能有效解决关联推送的方法并不多，“关系”是为数不多的被验证真实有效的方法。也难怪他们如此执着。

我们反观那些从社交发展而来的“关系”数据体，它们一开始切入的场景都是比较单纯的交流，有的只是通讯方面的交流，有的可能是基于娱乐或者经验分享的交流。当交流达到一定的频率、密度和强度之后，“关系”就顺其自然地产生了，社交模型和“关系”数据被同步沉淀下来。而基于这种交流，用户个体之间偶发或者频发的一些商品推荐，都是顺其自然并且有很大可挖掘空间的，于是，社交关系数据被应用到商品推荐当中产生经济效益，自然而然也就成立了。但这里的前提是社交的场景本身是成立的，而不是从交易场景倒推回去，推导出来的。

所有的数据应用都要先找到适合自己的应用方式

微信的初始应用场景是什么？通讯。通讯和人的什么属性有强关联？毫无疑问，答案是社交，而且是基于线下的实实在在的关系产生的社交。所以微信被公认为是自带社交属性的产品。淘宝、天猫的初始场景是什么？交易。交易和人的什么属性有强关联？毫无疑问，答案是消费。所以整个阿里巴巴所提供的服务都被认为和消费有着天然的永远撇不干净的关系。作为一个普通用户，我们都知道，社交是我们每个人都有的需求，但只是其中的一个角度，消费是另一个角度，两者有部分交叉，但也有着明显的区隔。

回到“买东西需要推荐吗”这个问题当中，社交确实能为我们解决一些问题，比如我就经常问我的在各种出版社工作的朋友，当下有没有某一类的好书推荐。但如果放弃从消费场景本身出发，一味地从社交当中找办法，这无异于在海南盖一个露天滑雪场，是违背天时地利等先决条件的，事倍功半还不一定能成功。况且，回到电商基因本身，沿着顺应气候的路径思考，也并不是不可能找到沉淀“关系”的优质方法。

让我们试着想一想，基于交易场景，在用户端自带的有基因属性的“关系”有哪些。首先，导购关系。淘宝网从诞生那天起，几乎每个淘宝店都自带导购功能。每个商家都是经由自己的喜好把商品重新组织后从线下拿到网上来进行售卖的买手，最早，很多买家和网店形成的关系就是“我超级喜欢这家店的风格”。从某种角度来说，整个淘宝（当然这种基因也延伸到了天猫）可以说是导购站点的大集合。然后，同好关系。如果我们把每一件商品、每一个店家看成是一个节点的话，那么多消费者在淘宝、天猫上形成的消费行为，很容易被圈出一个个、一层层的同好关系，在某些行业、某些类别或者某些场景当中，同好关系能起到的作用非常可观，比如运动、读书、美食等等。然后，分享。分享，其实是人的天性，无论是基于炫耀的心理，还是基于被帮助和帮助的需要，人是愿意分享的，尤其是在不影响自身利益，又不是很麻烦，操作成本不高的情况下。而且，阿里系有一个了不起的，在中国的商业史上都有可能留下浓重一笔的产品，叫作“评论”，这个产品无疑催化了分享基因的产生，或者说至少强化了分享的氛围。

基于上述认识，我们大概可以从以下几个方面找到使用平台数据的方法。

人群。首先，每件商品会有基于属性、风格等特征而产生的标签，每个消费者在对不同的商品进行浏览、收藏、购买等动作之后，就会带上与之关联的标签。然后，当我们把每一个标签提取出来的时候，我们就可以牵动一个人群。不同的人群之间肯定会有不同程度的关联、交叉，甚至重叠。基于上述人群的分布，至少可以产生两种“猜你喜欢”的数据应用方式，第一种，从单个消费者个体出发，我们可以先判断他身上的标签有哪些，然后通过算法找到和他的全部标签最接近的人有哪些，而这些人还喜欢买什么东西，标签相似程度越高的相互借鉴喜好、分享感兴趣的商品的必要性，也就越高。另一种可能比较抽象，我们需要拿具体的标签来举例。比如有一个标签叫作“日系”，另一个标签叫作“韩风”，还有一个标签叫作“朋

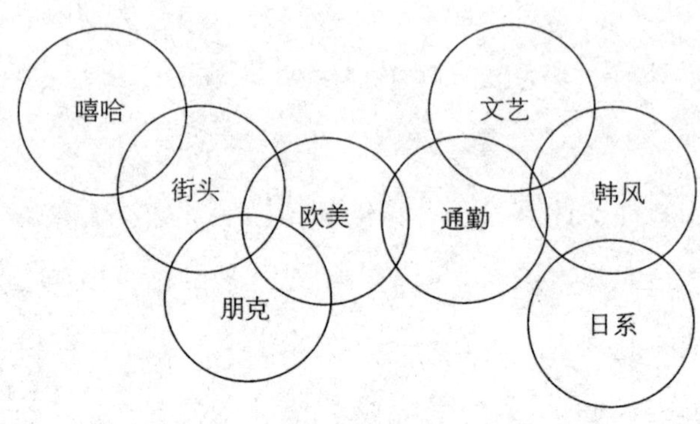

图 14　标签

注：上图只是表示“标签”之间相互关系、远近的示意图，并不代表数据的实际情况和准确结果。

克”。通过比较这三个标签所覆盖的人群的重合度，我们发现，“日系”和“韩风”的距离靠得更近，而和“朋克”的距离相对离得较远。那么，我们在给一个身上有“日系”标签的消费者推荐商品的时候，同时出现带有“韩风”标签的商品的概率就应该较高，而带有“朋克”标签的产品则应该较低。

跟踪。天猫和淘宝都是综合性的超大级别平台，买和卖两端的用户数量都十分巨大，买卖连接形成的网络也十分密集。当我们把每个用户的购物行为从开始到结束全部记录下来后，只要进行全链路跟踪，就一定会找到原来单链条中的用户和其他用户相互关联的节点，通过节点进行多向的数据交互，并且通过数据交互形成有效的数据应用。继续用之前提到的某买家网购双人床的例子，这位用户因为家里装修第一次在天猫上搜索了双人床，当他收藏了某款双人床或者收藏了售卖这款双人床的店铺之后，买卖的数据就形成了一条链路，同时，商家的店铺和商品都也可以成为节点，我们可以从这个节点跟踪下去，把一段时间内也收藏了这家店或者这个商品的买家找出来，再去找这些买家还收藏了哪些同品类的店铺，我们可以猜测这些买家的需求或者喜好和原来链条中作为起点的买家有着一些相似之处，于是我们就可以把他们的选择推送给原来的那位买家。

开放。如果以上两点是在说方法，那么这一点，我们就是在说态度。在前面吐槽的时候，我们说到过将广告投放和“猜你喜欢”结合在一起，提供给商家使用，本意是提升商家广告投入的转化，但效果并不理想。如果我们可以把如何在消费者端进行广告投放和展现这件事交给商家们自己来决定又会怎样呢？可想而知，商家们一定会想办法在既定的规则之中，用最小的成本去达到最佳的效果。应用数据来找到潜在用户实现精准匹配，也一定是商家们会去寻找的办法，而且，不同行业的商家，不同级别的品牌，找到的办法肯定会有区别。它们所找到的方法不一定比阿里巴巴作为平台方提供的方法高级，但一定更多样，更有针对性，说不定最终达到的效果也更加理想。所以，越是平台就越是需要引入用户的参与，尤其是可以作为大节点的用户，需要提供给他开放式的参与方式，以此激发他的主观能动性，从而对整个行动网络以及数据网络产生正向的作用。

除了“猜你喜欢”之外，2015年双11之前，天猫还通过一个叫作“御膳房”的服务，向商家开放了更多的数据应用权限。商家可以自行开发数据模型，或者请专业的第三方服务商为自己开发数据算法程序，通过平台提供的开放工具，向平台的数据仓库写入算法，在平台所提供的“黑箱”环境中进行运算后，得出数据结论，然后再借由平台提供的一体化工具，对数据结果进行应用。比如，如果商家认为需要向在双11前半个月收藏过和自己同类别商品的所有消费者都推送自己店铺的广告，那么，它就可以把上述数据条件以数据程式的方式写入平台环境，经过计算即可得出该商家需要锁定的人群，然后商家可以再借由平台提供的广告定向投放工具，对自己锁定的人群进行有针对性的投放。

男装品牌劲霸男装在2015年双11之前，在一家专门提供数据服务的第三方的帮助下，借由阿里巴巴所提供的御膳房服务，在天猫站内广告投放渠道为店铺和品牌拉动新用户的过程中，取得了比2014年高两倍的转化率。

倘若天猫、淘宝作为平台，能进一步开放这一类的数据服务，并深化这类数据服务的应用范围，那么，对于整个平台的效率提升，都将起到十分可观的作用。

数据营销中最重要的事情

对于平台来说，数据营销最重要的事情是“猜你喜欢”，通过“猜你喜欢”把各种不同类型的商品以最快速高效的方式展现在它的潜在消费者面前。对于单个品牌，或者对于在互联网的海洋上单独徜徉的各类 APP 来说，数据营销当中最重要的事情又是什么呢？

以前天猫、淘宝的商家们，在数据方面只做了一件事情，就是看自己店铺的数据，最多就是再拿自己店铺的数据和同行业、同类别的其他店铺去进行一番比较。得出的结论往往最后归结在为消费者提供更低的价格、更高的性价比，这两件事情上。之所以商家们应用数据的范围一直未能拓宽，得到的结论对品牌的帮助，特别是比较长远的帮助并不大，原因就是那个时候，大家将太多的注意力都放在了销售转化上，而且基本只关注销售转化。

其实，这也跟天猫、淘宝的基因有关系，特别是天猫。因为天猫是一个立志于向消费者提供确定性购物体验的 B2C 平台，它引入的商家大多数都是有着比较成熟的线下渠道的品牌商。很多品牌商虽然是在看到了电商蓬勃发展的趋势，看到了双 11 越来越大的影响力，而来到天猫平台的，但可能是考虑到线上渠道和线下渠道的平衡，也可能是基于惯性，品牌商的品牌推广和品牌建设，并没有进入天猫，大家都更倾向于把天猫、淘宝当成是在网上打开销售渠道，形成可观的销售转化的一种方式。所以，无论是在双 11 还是在平时，大家都更关心实际的成交金额，随着拉新流量的成本代价越来越高，大家又开始关心转化率。总之，大家关心的只有“能卖出去多少”这个问题，当站内的广告要收费且因为竞争的关系，广告费越来越贵的时候，大家又开始转而关心怎么用尽量小的成本换得较多的可以转化为成交的流量。

换句话说，就是商家对用户进行精准营销的需求变得更加强烈了。也不是以往大家不需要精准营销，而是以往从营销出发对数据进行的应用太初级，当需求强化了之后，就需要品牌、店铺对自己的用户（包括潜在用户）进行人群区分，针对不同的人群，制定不同的销售、推广策略，这样才有可能在整体上收获最大的效果。

按照用户和店铺的密切程度，也许可以把用户分成经常、定期回到店铺进行购买的忠实用户，买过一两次再也没有出现过的沉默用户，只是看看从来没有买过的游离用户，以及在竞品店铺里有过成交的潜在用户。这种分类方式，可能对于不同行业不同类型的品牌和店铺，还是具有一定普适性的吧。

首先，平台提供的数据服务，可以比较便于我们找到并区分出这部分用户。天猫、淘宝的交易过程，让每一个消费者都留下了清晰的交易行为，最重要的5个数据节点大概是搜索、浏览、收藏、添加至购物车以及购买，加上这些行为发生的频次和每个消费者的属性数据（年龄、性别、地理位置等），就可以比较清楚地看到不同群体的消费者和店铺、品牌的紧密程度。同样，竞品店铺的这类数据，还可以让品牌商快速找到自己的潜在用户。

然后，向这些不同的群体推送不同的商品，提供不同的优惠，投放不同的吸引力，经过每个商家自己的摸索后，所起到的营销效果，一定会比较理想吧。

比如，某品牌旗舰店为拉动新用户策划了一个店铺优惠活动，仅给第一次在店里购物的用户进行返还现金红包的活动，这个活动就比较适合投放给看了很久仍没有购买的游离用户以及与竞争对手成交过的用户，恰当的优惠力度，很容易给这些人来个临门一脚，把他们推到店里来，最终形成购买，甚至长时间的关注。

第四节　似远又近的 C2B

双 11 预售是最简单的 C2B 模型

提前 20 多天，也就是每年的 10 月中下旬，天猫就会上线双 11 活动的预热页面，往年预热页面堆放的都是各个商家主推的单品，而近几年，“预售”商品成了其中的主角。

预售的意思是，消费者分两个阶段付款，先支付少部分订金，再从双 11 当天的某一个时点开始支付商品总价的剩余款项；预售商品的价格比在双 11 当天的活动价格还要低。对于商家来说，可以通过预售的方式，以比双 11 更优惠的价格吸引消费者提前明确其购物意向，并以支付订金的方式提前锁定一部分销量。

2013 年双 11，天猫开始在预热阶段大力推行家用电器类的商品预售，当年，这种新颖的交易方式吸引大量的消费者为自己想买的东西提前支付了订金。到了 2015 年，预售已经覆盖到电器、服饰、大件家具、旅行产品等多个品类，更多的商家和消费者习惯了这种提前确定购买意向的交易方式。

把预售这种交易方式应用在双 11 当中，对天猫平台来说，还有一个绝佳的好处。双 11 当天 24 小时，说长不长，但说短也不短，要在一整天之内让消费者的购买热情一直保持高涨，并不是一件很容易的事情。组织过派对的人一定都深有感触，把大家邀请过来，最怕的就是出现冷场，一旦出现冷场，气氛就很容易被带入僵局。要想让每个人都能在派对里玩得高兴，就必须在每个时点都安排一些能带动情绪和活跃气氛的活动。双 11 也是一样，整体氛围是否能保持持续的高涨，对活动的最终效果起着至关重要的作用。于是，天猫必须提前在各个时间点上做出安排。之前我们有讲到过，双 11 的整合营销方案当中必须要包含双 11 全天的营销计划，每个时段都要安排放出一些诱人的返利和新颖的玩法，吸引消费者们不断入场、不断返场。除此之外，还有非常重要的一点，那就是天猫必须持续不断地对外释放出足以引人注目又能不断对疯狂购物的气氛进行加热的话题，而在当天所产生的众多信息当中，既能烘托购物气氛又能凸显双 11 影响力的信息，当然还是时时冲高的交易额数据。“预售”正好能帮助天猫在各个时段有效地拉动成交曲线。所有预售商品都要求在双 11 之前付好订金，但尾款的支付时间却可以是不一样的，天猫可以依据订金支付情况，比较准确地预测出各个预售商品的最终销售量，然后按需要把尾款的支付时间安排在双 11 零点之后的任何一个时点，如果安排得恰当，不但可以拉动某个时间段的入场和返场的用户数量，还可以配合各个阶段的营销玩法，拉动某些品类的整体销售。所以，预售商品尾款支付时间的设置，可以直接作用于成交曲线的最终表现。

“预售”除了能带来上述的好处之外，还有一个可能影响更为深远，惠及面更大的好处，那就是它可以切切实实地帮助商家减少库存风险。

最早大概是在 2009~2010 年，一些淘宝商家就开始在自己店铺里使用“预售”的方式。那时候，没有特定的交易流程，“预售”只是商家写在商品描述里的说明，它们这么做主要是为了在换季上新的时候，让更多的消费者提前看到新品，在正式发售之前，为新品做好充分的预热。一般被描述为“预售”的商品，商家的发货时间比普通商品要长，但考虑到大多数消费者并不愿意等待，一般最长也不会超过 3~5 天。和预售这种形式尚处于商家们自行组织阶段不同的是，天猫双 11 期间所组织的预售，从支付订金、支付尾款到商家发货之间的时间间隔较长，最长的从 10 月中旬至双 11 当天，足足有一个月。商家通过消费者提前预订的数量，已经能比较清楚地掌握预售商品在双 11 期间的准确销量，一个月的时间又足够商家把信息反馈至商品货源组织端，或者组织供应链进行有针对性的生产，这样销量和产量就能实现高度的匹配，库存风险也因而被降低到了最小的范围。

往年，对于男装、女装这类偏重设计、选品需要紧跟潮流的品类，商家为双 11 的备货就像是在进行一场豪赌，一不小心就会赔进大量的库存。

2012 年，天猫开始使用一种叫作分阶段付款的交易流程，一件商品、一笔交易款项，可以分两次甚至多次进行支付。2013 年双 11，天猫把分阶段付款和预售结合在了一起，使得“预售”有了自己特定的载体，成为一种被固化下来的交易方式，同时，因为这种交易方式，商家有了提前获取销量并借此影响供应链的可操作的路径。因此，预售成了 C2B 一种最简单也最典型的表现形式。

如何正确地理解 C2B

究竟什么是 C2B？也有人把它称之为 C2M（顾客对工厂）。按照 B2B、C2C 这一类英文缩写规律，C2B 也不难理解，就是从消费者的需求出发，推动商业生产和实现，也就是消费者的真实需求是什么，企业就生产什么。

具体来讲，我们可以从两个角度理解 C2B。

第一种，先明确销量，再进行生产。

我们前面提到的“预售”就属于这种。消费者因为商家让利而愿意先支付订金，商家因而能提前知道消费者的需求量并向供应链发出准确的生产需求，供应链因为可以进行有针对性的生产而减少了库存风险，整体的生产成本有所降低，从而整个供应链的效率也被相应提升，虽然售价相对较低，但利润空间可能不降反增，所以价值链条通畅，模式成立。

除了“预售”之外，还有不少交易方式因为同样具备提前锁定销量的作用，也可以升级为 C2B 模型，众筹、团购、聚划算等都是。

第二种，按照消费者个体的个性化需求进行定制生产。

当我们买衣服的时候，我们需要的可能是尺寸的不同以及图案、花纹的不同；当我们买钢笔、买钱包的时候，我们需要的可能是色彩的不同；当我们买家用电器或者数码产品的时候，我们需要的可能是某些功能的不同。

既然需求是个性化的，那么，需求和需求之间不但可能千差万别，而且可能根本不在同一维度上，所以从这个角度来理解 C2B，略显复杂。

我们还是可以尝试着进行一些归纳。按照个性化需求的实现程度，我们大致可以把实现方式分成模块化的定制实现和互动式的定制实现。

2015 年，在上海的一家麦当劳门店里，出现了一个自助式点餐机，每个进店用餐的消费者可以通过这个点餐机所提供的交互服务，为自己选择不同的食材搭配，最后吃到一个风味独特且属于自己原创的汉堡包。搭配过程分为 6 步，分别是选面包、肉饼、蔬菜、芝士、配菜和蘸酱，每一步都提供几种不同的选择，有的步骤为单选，有的步骤为多选，不同的选择对应叠加成不同的价格。

这就是一种非常典型的模块式定制。选择面包、肉饼、蔬菜、芝士等 6 个步骤以及每个步骤当中麦当劳所提供的选项，就是所谓的模块，消费者通过选择不同的模块组合来选择自己喜欢的口味，对麦当劳的后厨来说，只要分别准备好这些模块，再在消费者下单的时刻进行组装即可。

据说，海尔是较早实现这种模块化定制的家电品牌。今天，我们能通过海尔商城对海尔空调、彩电、冰箱、空气净化器等一些家电的尺寸大小、外观颜色图案、板材以及某些硬件参数进行在线选择，海尔生产线的末端会根据消费者提出的需求来进行部件组装，从而实现一定程度上的个性化定制。

比模块化定制更深入一层，就是消费者参与到需求实现过程中的互动式个性化定制了。比如，有一些家具品牌所提供的定制服务，需要消费者明确户型、尺寸、风格、功能等多方面的需求，并和消费者进行多次沟通，让消费者深度参与一件家具的设计过程，最终形成的产品也就成为专属于某位消费者的独立 SKU（最小的库存单位，可以理解成“单款单色单码”）。

我个人对有消费者深度参与的互动式定制形式，到目前为止是否已经出现比较成形并能进行复制的模式，仍然持保留态度（当然很有可能是我孤陋寡闻）。这种形式要被有效地固化下来，就必须要解决至少两个非常艰难的问题。第一，高度个性化意味着个性化定制和规模化生产很难平衡，或者说个性化定制很难借助现代工业生产流程得以实现。我们所见过的大多数高度个性化定制，都是由人工完成的，比如高级礼服、高级婚纱的定制，或者是通过大量的人为组织来实现的，比如装修的时候定制一套家具，基本不是由木匠师傅亲手做一套，就是由设计师部分组织采购、部分找师傅进行改造之后实现的。能通过工业化生产以及自动化流程得以实现的，十分少见。另一个问题则是消费者需求的确认过程，一般来说，需求越是个性化，确认的过程就越是需要大量的沟通，而且很多沟通可能都没法经由在线的模板化的方式进行，必须通过面对面的交流来实现，如果是这样，互联网在其中发挥的作用其实并不大，即使是在所谓的虚拟现实得以实现的明天，互联网在其中发挥的作用也无非是通讯价值，所谓“C2B 的模式化效应”依然体现得不那么明显。

C2B 的必要条件

随着互联网从仅仅作为信息传递的介质，逐渐深入到我们生活和生产的核心，C2B 的实现是可能的。但是，鉴于我们上述的讨论，高度个性化的实现不在我们以下所讨论的范围内。因为高度个性化更重视的是“个性”的实现，然而互联网主要解决的是效率问题，也许技术的再进步可以弥合高度个性化和效率实现之间的矛盾，但现在我们暂且不提。

从目前的发展状况来看，我们可以大致总结出，C2B 模式的实现大致需要这样一些必要条件，这些必要条件可能是通行于各个行业各个领域的。

在整个 C2B 链条当中，除了作为起点的消费者，还应包括三个角色的参与。第一个当然是零售商。我们这里所说的零售商并不单纯是指在网上开店的那些商家，而是所有借助于互联网手段和消费者直接沟通、互动并进行销售的商业体。比如我们前面提到的麦当劳门店，它通过一台自助式点餐机和消费者进行互动，扮演了零售商的角色。零售商需要实现销售之外很重要的一项功能，就是在销售过程中回收数据并能通过数据整理和分析，对供应链反向提出需求。我们试想，假设麦当劳的点餐机经过一段时间的运行发现其中一款面包几乎没有人选，那么麦当劳门店可能就会考虑研发另一款面包来替换掉它。第二个角色是设计师。可能目前每个行业的设计师要做的事情不尽相同，我们这里所说的设计师主要完成两件事情：挑选原材料和设计产品。设计师的主要职责是通过数据分析来洞察和发现消费者的内在需求，或者说集成一部分（或大多数）消费者的需求，然后用自己的专业技能在产品设计过程中把消费者的需求表达出来，并且保证消费者的需求能在其使用过程中得以实现。之所以存在设计师这个角色，是因为消费者的需求还是会存在某些共性，当个体之间的个性化表现得越来越突出时，共性需求就越需要有专业的人来进行洞悉和挖掘。另外，即使是一些比较个性化的需求，仅依靠消费者自己的能力，也很难较为恰当地通过一件产品来实现。

第三个角色当然是供应链，而且使 C2B 模式得以实现的关键就是供应链。比起以往，C2B 对供应链提出的最大的挑战，主要是两个方面：一方面是技术革新的能力，另一方面是整个链条柔性应对需求的能力。因为需求端的个性化程度高了之后，需求随时更新，技术上所要面对的问题也就随时可能是新的，这就要求供应链技术革新的周期要大大快过以前。柔性，其实就是供应链要有能力进行小批量生产，或者说要有能力把小批量的生产成本降到最低。

供应链实现柔性能力，至少要实现 5 项关键技术。第一，实现企业内部以及跨企业的系统整合，要能够基于数据，传输整合跨企业的生产数据，并做到生产能力的跨企业调度，这也是实现从供应商到客户、从管理层到车间全自动化的先决条件。第二，工业物联网，这是实现生产网络内各个生产主体之间自动化链接的基础，能实现各方的多向沟通。第三，模拟技术，在智能系统的基础上，实现数据的实时同步和优化。第四，云计算，在对接市场数据、库存数据并且集成生产数据的过程中，在一个相对开放的系统下，对庞大的数据量进行存储和管理的技术，可使生产系统进行实时的沟通和交互。第五，数据分析，以一个生产企业或者一条生产供应链来讲，数据体量还不能称之为“大数据”，但也涉及多个数据源不同的数据系统之间的整合分析评估，这些数据源可能包括 ERP（企业资源计划）、SCM（供应链管理）、MES（制造执行系统）、CRM（客户管理系统）以及来自设备本身的数据，数据分析还包括产出一套适用于本供应链不断进行自身优化的决策模型。

我们可以看到，柔性对供应链提出的要求实际上就是用信息技术提升供应链各个生产模块之间的协同能力。

工业 4.0 和 C2B 是什么关系

当然，有很多人对于这个问题是不存在疑惑的。个人觉得，在这里有必要作为延伸部分，略微做一下解释，因为明白了这两者的关系，也许能帮助我们更好地理解互联网是以一种什么样的姿态影响制造业的。

C2B 是互联网时代的商业模式，是相对于以前以厂商为中心形成的商业模式来定义的，而工业 4.0 是 C2B 在实物商品供应链侧的具体表达。

C2B 是指在这种模式当中，占主导和核心地位的用户，即普通用户。这种模式不仅可以应用在实物商品领域，还广泛地应用于商业社会的所有方面。比如知识分享。以前知识分享的链条基本都是内容产生者向普通受众的单向表达，无论是教育途径、图书出版途径，还是媒体途径，都是以知识持有者为主导，由单向表达的方式来完成的。2016年果壳网的分支业务“分答”和知乎的分支业务“值乎”上线，用户可以公开发问，也可以直接对另一个用户发问，问题会被系统进行匹配，回答问题以语音的形式进行，匹配到可能具备相关知识的其他用户，如果有人回答了，问题和答案会被分享出来，别的用户也能看到，当有用户想要收听之时，就需要按照事先设定的价格进行收听付费，其中一部分最初提问的用户可以获得少量付费提成。这就是一种以用户的知识需求出发的C2B。

工业4.0，顾名思义，仅应用于工业领域。当然，工业4.0在内涵上与C2B有一些相似。前三次工业革命都是在车间里发生的革命，主要作用是提高了生产效率。美国辛辛那提大学李杰教授在最新出版的《工业大数据》中对工业4.0给出了一个精准的定义。他认为，工业4.0的革命性在于：不再以制造端的生产力需求为起点，而是将用户端价值作为整个产业链的出发点，改变以往工业价值链从生产端向消费端、上游向下游推动的模式，直接从客户端的价值需求出发，提供客制化的产品和服务，并以此作为整个产业链的共同目标，使整个产业链的各个环节实现协同优化。我们可以看到，这和C2B的精神内核是一致的。

工业4.0可以帮助C2B在实体商品的供应链侧进行落地。

如我们前面所说的，C2B的关键是，用户定义价值，配合个性化的零售匹配方式，然后配合能满足个性化需求的柔性化生产。如果制造业没有在一定程度上实现工业 4.0，那么，柔性化生产将很难实现，C2B 也很难实现。

前面说过，供应链实现柔性能力，至少需要一些关键性的技术，而这些关键技术基本上可以归结于“智能制造”。

在中国制造业接下来的发展过程中，C2B 或许可以引导工业 4.0 的具体实现形式。

曾经在网络上看到一些文章说，中国的制造型企业，有 99%都是中小企业，这些中小企业没有扎实的工业 3.0 和工业 2.0 基础，不要说 MES、PLM（一种可以支持产品全生命周期的信息创建、管理、分发和应用的一系列应用），即使最基本的 ERP 也不是人人都有。相比较而言，德国工业 4.0 和美国工业互联网分别是由两国顶尖制造企业，也就是超大型企业发起的：德国是西门子，美国是通用电气。德国人更关注生产过程的智能化，而美国人则强调智能产品和智能服务。两者的实现都有很高的技术和装备要求。

我们确实和从工业发达国家传来的工业 4.0 之间存在差距，但是就像互联网传到中国之后发展出了自己的形态，电商行业在中国一枝独秀一样，工业 4.0 在中国可能也是有自己的形态和路径的。这里就会和 C2B 产生比较直接的关联。

C2B 在中国的实现，有很多创新做法，中国的巨型电商平台帮助 C2B 在市场端有了强有力的落地网络；在生产端，则需要实现低成本的柔性化生产解决方案。

这里我们讲一个案例。

早年，浙江桐乡形成了完整的羊毛针织市场体系，从毛纱原料、针织机械、技术开发、物流检测、外贸服务到人力资源、配套设施，可以说是功能齐全。这里集聚着5 000多家羊毛衫企业，构成了完整的羊毛针织产业链。据不完全统计，2007年，仅桐乡的羊毛衫成品销售就达20多万吨，成交额突破200亿元。桐乡稳居中国最大的羊毛衫集散中心和中国羊毛衫信息中心的地位。有一家叫作梦想工坊的公司，在这个产业集群基础上发展出来一种新模式，它们搭建了一个设计师平台，设计师或者说各种提供款式的人，把自己所设计的、所需要的款式，用产品草图的形式，上传到平台上，平台通过云服务将之转化为清晰可见的实物模型，以图片（包含细节图）的形式展现在平台上，买手、个人店主、各种零售终端需求方，可以在其中挑选到自己认为适合销售的款式，确认自己需要的件数，然后下单。平台接收到来自买方的订单需求之后，将之转化成生产需求和技术语言。平台的另一端连接着桐乡当地产业集群中的各个针织生产单元，所以系统能及时找到当下闲置的并且技术条件合适的生产单元，生产需求和技术语言能及时地传递到各个生产单元，然后实现快速的柔性生产。因为针织这个品类，和其他类别的服装相比，生产过程可以更加灵活，所以可以实现的柔性程度也比较高，最小的生产量可以小到一件，最短的周转期可以缩短到3~7天。

这个案例中，平台前端匹配的实际上是由各种零售终端需求方带来的消费者需求，由这些需求触发了生产链条的起始点，然后再经由一定的柔性系统支持，以一个中小企业集群作为支撑，最终实现了 C2B 的整个过程。

从上面这个例子当中，我们可以看到，在 C2B 的带动和催化下，工业 4.0 说不定可以走出一条“有中国特色”的道路，而不需要去硬生生地跨越因为在工业 2.0、工业 3.0 时代的落后而产生的鸿沟。在《工业大数据》作者李杰教授的“煎蛋模型”中，蛋黄是制造部分，蛋白是服务部分。作者认为，蛋黄并不是核心竞争力，而在蛋白部分，大家没有明显的差距。中国的优势在于有巨大的市场空间、丰富的使用场景，海量的应用数据，欧美都没有这些数据。通过制造服务转型反向可以弥补原本薄弱的环节，这或许将会为中国提供一个弯道超车的机会。

第五节 爆款的新玩法

最早听到“爆款”这个词，是在淘宝大学的各种课堂上，电商朋友们把单件单月销量很高的商品，叫作爆款。

2008 年，天猫上线的同一年，阿里巴巴还发生了另一件非常重要的事情，原来的雅虎直通车团队并入淘宝，雅虎直通车正式更名为淘宝直通车，淘宝开始了收费广告业务，即搜索关键词竞价排名。自此以后，淘宝，包括天猫，搜索结果页的右侧便会出现几个由竞价排名决定展现概率和顺序的广告位置，商家们自此走上了与“关键词”缠斗不休、爱恨交织的道路。

2009 年，淘宝直通车已经普及到淘宝、天猫各个行业品类，关键词的价格开始升高。但更具有代表性意义的是，当年从直通车的广告位里诞生了第一批“爆款”。

当年这些爆款大概是这么产生的。首先，几乎每一个“爆款”都拥有非常高的成交转化率，即在所有浏览过这个商品的人当中，有比较多的人最终选择了购买。当时，这个转化率的高低，主要取决于两个方面。一方面是这款商品是不是符合当下的审美倾向，是不是有突出的外在表现可以被消费者快速识别，以及有没有一定数量的成交记录作为背书。那个时候，淘宝、天猫的信用机制建设尚不完整，消费者很难借助其他信息，判断一款商品和一个商家的可信程度，只能通过既往的销量去判断这款商品的质量。所以，被挑选出来进入“爆款”预备行列的商品必须已经有了一定的销量，如果 30 天内的销量不能凸显优势，商家就要把过去的销量做成图片展示在宝贝详情页里面，以便普通消费者一目了然。当然，就服装、饰品等一些品类，成交记录还意味着给消费者的一个集体暗示：可能这就是现在最流行的噢！这样，就会有更多的买家在这些商品上下单，买家会引来买家，下单会激发下单。

“爆款”的另一个合成元素，则是价格。早期，在大家对网购尚不是那么熟悉的时候，更多的人倾向于在网上埋单笔成交额较小的商品，因为这么做风险小，机会成本也小。另外，当时淘宝、天猫站内确实存在着很多同质化的商品，尤其是在进行关键词搜索之后，网页上经常出现很多同款，在同款之中，消费者当然倾向于选择价格低的那个。

在用“看起来不错”和低价格保证了一定的转化率之后，就要保障商品在消费者面前能获得较大概率的展现，大浏览量乘以高转化率，几乎就能确保高的成交量，从而产生爆款。

相比在搜索结果页面中部占主导位置的自然搜索结果，直通车竞价排名的展现机会，更具有确定性，更有量的保证。所以，在给商品寻找流量来源时，商家们除了要找到能对这些商品进行描述的关键词，把它们放在商品标题当中，还要去淘宝直通车对这些关键词进行出价，以保证当有消费者在搜索这一关键词时，自己的商品就能被看见。在寻找和确定关键词作为出价对象时，要注意，关键词必须直接对应、关联到打造爆款的目标商品上，也就是把店铺花钱买来的流量，全力以赴地引流到爆款商品页面进行转化。然后，要保证这些关键词并不是在直通车关键词词库中最热门、价格最高的，而是那些流量大、价格相对低，转化率比较高，也就是性价比比较高的关键词。关键词要时常进行调整，一天之内可能也要调整多次，这样才能用最合适的流量成本买到性价比最高的流量，才能保证任何时候，只要消费者搜索相关关键词，商品就至少会出现在最前面的三页之内。

那个时候，确实有一些人用这样的方法打造出了几批爆款，也赚到了快钱。但同时，当时在内部的我们也知道，就在这些爆款当中，有不少是真正的“质次价廉”。有的仅仅只是外观有一些吸引人的地方，价格有一些吸引力，买到手上即刻会发现，和想象的不是一回事，有的质量不过关，有的甚至不堪一击。印象中，有一个非常经典的爆款，是一件冬天的女土棉服，从照片上看，是中长款风衣的款式，外层是厚实的布料，领口、袖口处布满了羊羔毛，照片给人的误导是整件衣服的里子应该全是羊羔毛，可很多买家在收到货之后发现，其实只有领口和袖口有羊羔毛，拉开拉链后，衣服里面只有普通的内衬，完全不见羊羔毛的踪影。这样的商品，当然会引发大量的退货，但因为从下单到收货再到退货之间，往往隔着十几天，所以还是会有不少买家冲着成交量，兴冲冲地付了钱。

当然并不是每一个爆款都质次价廉。但对于商家来说，要打造爆款，就需要付出相当一部分的推广费用，即买流量的费用，同时，商品价格又不能高，否则买来的流量不能有效地转化，推广费用付诸东流。所以，很多商家在选择爆款的时候，都会选择那些外观看起来不错，又能控制供应链成本的商品，单件成本低，才能保证在价格也较低的情况下，卖出去还能赚钱，否则爆款的销量越高，商家亏损越多。

直到现在，在百度百科里搜索“爆款”，其给出的解答仍然是上述意思，连给出的“打造爆款的方式”也仍然不外乎以上这些。不得不说，如果环境没有变化，玩法没有变化，那么这种爆款产生和消费的过程以及结果，对商家和消费者都会形成伤害。这种爆款虽然价格低，但价值也低，商家们要么赔本赚吆喝，要么在赚到钱之后永远失去了消费者的信赖。

但实际上，一切已经变得不一样，尤其在天猫，如今的市场环境和之前有着非常大的区别。

天猫店中，“同款”变得越来越少了。前几年，阿里巴巴在淘宝、天猫搜索结果页面做过“合并同款”的举措，即把不同商家卖的同样的商品，展现在搜索结果页的同一个位置里，这么做也促使商家们开始在商品差异化的方向上多动脑筋、多做努力。同样的商品变少了之后，仅仅价格一个因素的对照比较就能直接影响购买决策的可能性在变小，除了价格以外，其他能影响消费者购买决策的因素所起的作用，在被放大变强。

天猫店中，确定性程度在不断地加大。天猫近几年一直在努力传达给消费者确定性的购物体验，一方面，各种品牌入驻天猫，天猫也越来越倾向于知名品牌和大品牌。2015 年年初，天猫调整了品牌招商规则，在化妆品、珠宝配饰、家用电器、鞋类箱包、3C 数码、保健品及医药、食品等 13 个大品类中，对商家的申请条件、注册时限、注册资本和注册商标都进行了限制，提高了门槛。并且，在化妆品、服饰、鞋类箱包、运动户外这四大品类中，天猫只向品牌拥有者和单品牌代理商开放。这些规则的调整，都意味着天猫越发倾向于通过引入品牌，即在消费环境方面，向平台消费者提供更具确定性品质保证的商品。另外，整个市场经过多年的建设，信用机制更加完善，不仅有成交记录和评价展现，还有商家的售后服务信息公开，对商家缴纳保证金数量的公开，使得消费者无论对新商家还是老商家，以及某款商品本身是不是有过往成交保证，都不再像以前那么在意了。

与此同时，流量在变得越来越贵。直通车关键词单价越来越高，要在自然搜索结果中取得稳定的优势位置也越来越难。通过淘宝、天猫站内一些收费资源位或者达人、社区类内容推荐位来获取新用户的成本也不小。当然，从站外通过商业广告拉来客户，比在站内拉来新用户也更加困难。于是，商家们开始在老客户身上动脑筋。商家们逐渐意识到，原来的爆款模式，商家和消费者之间的关系所经历的过程大概是这样的：通过购买大流量，尽量多地吸引消费者的注意力，通过低价和漂亮的成交记录促使消费者快速形成购买，但是不注重消费者的购物体验以及产品体验，最终很有可能形成一次性购买，消费者一去再也不回头。而现在，从建立认识到产生购买的环节变长了，节奏变慢了，消费者在网上购物不再是只图新鲜好玩，而是更加理性，更注重品牌背书和信用保证，这个时候，商家和消费者的互动过程变成了：建立认知、产生兴趣、发生购买，最后培养忠诚，因为只有真正建立起一定的品牌忠诚度，才能在整个互动过程的最后环节建立有效的循环，才能最大程度地挖掘老客户潜力，既能巩固核心用户，又能降低引流的整体成本。

可能熟悉传统零售的人会说，线下零售一直都在这么做啊，这并没有什么稀奇的。是啊，在网络零售出现用户红利的时候，爆款也是其中一项附属衍生品。但当流量增长趋于稳定的时候，无论是线上零售还是线下零售都会回归到商业的本质，也就是，谁提供的价值越大，谁在市场中所占的主导权才会越大。

今天的天猫，已经不是一个谁会玩儿流量谁就能获得消费者的青睐，谁的价格低谁就能卖出去东西、能赚到钱的市场了。网络信息传播的速度和覆盖面，要比传统渠道快速、精准，这一点已经不需要再去强调了，所以做出爆款，还是有可能的事，只不过，在越来越接近商业本质的今天，爆款的内核绝对不会再是徒有虚表和价格便宜了。那是什么？其实答案刚刚已经说了，就是高价值，高性价比，或者更准确地来说，就是可以准确地为某一类人群提供高价值、高性价比。

在后面的章节中，还会对在双11卖得特别好，每年双11都能被一抢而空的爆款，进行专门的分析，以揭示其内部的结构和成因是怎么样的。我们这里不再拿双11举例，就举一个以因“互联网思维”而获得成功的典型案例——“褚橙”。

大概在2013年吧，办公室里忽然兴起了买橙子的风潮，很多同事一箱一箱地从快递哥哥手里接到包装得严严实实的橙子，在办公室里一打开，附近的同事们都能闻到一股甜橙的香味，然后分大家尝几个，立刻就又有好几个人上网购买了这种橙子，后来我们知道，它叫“褚橙”，种植它的老头儿还颇有故事。

很多人把褚橙的成功归结于营销，以致后来很多人模仿褚橙发过的软文、公关稿，纷纷讲起了创始人的故事，但是后来的那几个案例，都没有像褚橙那么成功。个人认为，最重要的原因还是产品的核心价值，褚橙真的够甜，品质真的够好。

刚刚说了，我们也是因为身边同事买了褚橙之后，亲身体会到香气和口感之后才购买的。褚橙在品质上，和市面上别的橙子相比较，有足够突出的味道、口感以及每次买每次都好吃的确定性保证，这才使得大家“一而再，再而三”地购买，甚至见到市面上其他的橙子，也会不由自主地想到褚橙，只要有可能，我们都会选择购买褚橙而不是其他橙子；也是这个原因，才会让很多人成为它的“自来水”，自觉自愿地向自己的家人、朋友、身边的人推荐褚橙。

农业的种植技巧我并不是太懂，不清楚褚橙在种植和产地上有什么特别，以及它的种植人褚时健是如何保证它各方面的品质，有一个恒定的表现的。我们可以把这部分比作工业商品品牌的核心建设能力，也就是一个品牌的商品本身，在这个市场中的价值是否突出，输出高价值的能力是否长期、稳定。这和对品牌核心价值的把握有关，也和供应链的整合和控制能力有关。

褚橙这个案例，当然，营销的成功起了很重要的作用。而我个人认为，褚橙的营销之所以能起到很好的作用，除了褚时健的故事之外，恐怕还有一个很关键的原因，就是在营销过程中，实现了人群的精准匹配。褚橙的价格比一般橙子要高，所以它要主打的人群一定不是每天在菜市场里和摊主就一块钱、五毛钱还要讨价还价的叔叔阿姨们，而是每天坐在办公室里，可能都不知道在菜市场买橙子是多少钱一斤，对生活还有一定的要求的年轻白领们。因为他们是网络的重要用户，所以，褚橙选择用互联网的方式来营销，其实是非常明智的选择。而且，褚橙选择了种植人褚时健看起来命运多舛，但结局又十分励志的故事，把这个故事摆在这些每天工作压力甚大的白领面前，等于是在告诉他们，你这点儿压力算什么，看看人家褚时健经历的磨难，只要你不放弃，你也可以变得很了不起。这些人当然会喜欢这样的故事，变得了不起，那可是他们常年被围在格子间里所剩不多的梦啊。在选择传播路径的时候，褚橙也是成功的，它选择了先攻破王石、潘石屹、韩寒等商业大咖或者意见领袖，由他们来引爆传播，育成时尚，点石成金，京沪橙贵。毕竟，这些人都是格子间里的小白领们所仰望的对象啊。

我想，褚橙这个案例，应该是具有代表性的吧，它非常好地解释了当下要打造爆款，要做到的最重要的两件事情，一个是提供强有力的核心价值，另一个就是进行精准营销。

在我写这本书的过程当中，我一直对“电商”这个潜在的读者群体充满了愧疚，因为一路写下来，我发现，自己并没有向这个可能最关心这本书的人群提供什么直接、有用的信息，也就是没有提供所谓的干货。可能会让大家失望。直到反复推敲大纲，我发现还是有必要要把引流和打造品牌的事情也放进来说一说的时候，才终于略微安心了一点儿。因为，这可能是这本书里要专门给到电商朋友们最诚恳的建议。

一部分建议如上面所说的，如果想要打造爆款，不要仅仅关注引流的多少，还要关心引流的精准程度，找对了人群，用适宜这个人群的方式去打动他们，才是硬道理，中间很有可能需要借助一些内容，但不同的人群需要不同类型、不同表现形式的内容，所以，必须要把人群先找到。如果想要打造爆款，千万不要想着价格低就可以了，要注意修炼内功，要有强大的供应链，要能提供高品质的商品，否则，即使赚了钱，也很容易砸了招牌。

另一部分的建议就是，双 11 是一个非常好的，可以说是打造爆款绝佳的机会，在大流量涌入的时候，用精准营销的方式去找到精准的人群，成功概率要比平常大很多倍，所付出的营销费用成本以及时间成本，都要比平常小很多倍。而且，双 11 可以说是爆款核心竞争力的检验圣地，我们所打造的爆款，它的核心价值越大，它能伴随双 11 走过的年份就越多，如果它的核心价值不大，那么即使它能爆，可能也只是昙花一现。

最后一个建议，也是非常关键的一个。双 11 的时候做销量，除了双 11 的时间，我们要做的是“品牌”。如果从网上店铺的运营上来说，在双 11 的时候，最恰当的做法就是拿出最有价值的，可以覆盖到最广人群的商品，尽可能多地把它卖出去，在大流量当中，尽可能多地获得在更多的消费者面前展现的机会，以及通过双 11 的一次售卖让更多的消费者认识品牌。除了双 11 以外，其他的时间，应该更多地关注和激活老客户，让他们在反复回到店铺里来的过程中，逐渐培养起对品牌的忠诚度。所有在平时培养起来的老客户，都会是当年双 11 第一波冲到店里来抢购的先发客户，也是激发更多流量所需要的种子用户。双 11 引来的新客户在平时转化为老客户，平时的老客户又会在双 11 成为店铺销量的保证和基石，只有做到这一点，才能形成正向的优质循环。

下面是一则来自小狗电器的案例，附上我的点评，或者可供大家参考，从中获取到有用的信息。

企业案例二：小狗电器 7 步玩转双 11

每年双 11 都是全网用户的饕餮盛宴，各个品牌方无不“八显过海，各显神通”，拿出各自的看家本领，使尽浑身解数来赢得用户“芳心”。

至 2015 年，小狗电器已经参与了 5 次双 11，每年双 11 的主题、玩法、互动都不尽相同，但为寻求用户的极致体验是一致。从公司玩双 11 的角度来说，我们是通过 7 步来打造属于小狗电器的双 11 狂欢节：

第 1 步　占山为王：设定双 11 独立目标

双 11 是全年最兴奋的一天，虽然只有 24 小时，但其威力不亚于平常一个月的销售力量，做得好的品牌，可以实现一个季度的销量爆发。所以必须为双 11 设定一个相对偏高一些，但又可以全力以赴去实现的目标。

在目标设定过程中，要注意 2 点：

（1）目标必须要能让团队兴奋，蹦起来可以摸到。

不能过低，不然无法充分运用好双 11 的资源及各自入口；也不能过高，不然就失去了目标应该有的引导作用，团队失去知觉，自己都开始怀疑自己了。所以目标的设定在电商双 11 的档口儿，俨然是个心理学范畴干的事儿。双 11 当天 24 小时的能量，相当于平常 1~2 个月的销售能量合计。

关键点：目标的设定，对电商行业来说尤为重要，小狗电器在案例中已经非常生动地指出了目标对团队的作用和意义，对平时的业务和对像双 11 这样大型活动的执行所起到的作用也是至关重要的。可以说，电商业务的各个环节都将围绕着这个“目标”展开，包括选品（本案例中小狗电器所说的“货品规划”）、营销活动玩法、广告、发货配送服务安排以及售后策略等等。目标一旦失准，各个环节执行下来，很容易将决策的小失误放大。而目标是否准确主要取决于决策团队对整个电商大盘数据以及自身品牌、店铺数据的敏感程度和掌控力。

（2）目标必须可以分解，分解到各个具体的店铺，责任到人。

分目标、领任务，必须做到一个萝卜一个坑。除了公司设定的总目标以外，必须为每个小组分解各自的实际目标，让其各自有的放矢。

如果是为了配合后面的团队激励，也可以把目标设置为三个档，基本目标、挑战目标、激情目标。

所谓基本目标，就是抬脚能够达到的目标；挑战目标，就是助跑起跳往上摸才能达到的目标；激情目标，使劲助跑使劲往上跳使劲往上摸也有些吃力未必能达到的目标，但可以激发团队的战斗激情和胜利渴望。三个档的目标，匹配的激励机制也不同，一层层提高，逐步激发团队的潜能，全力以赴做好双 11。

第 2 步　招兵买马：搭建双 11 专属团队

有了目标，就需要有能实现目标的团队。双 11 是一个全员参与的项目，必须在团队建设的过程中，打破原有格局和部门本位，使组织结构能够横向联合，统一指挥。为此，一般在组建双 11 专属团队时，需要注意以下事项：

（1）确定总指挥人选。必须选出一个能够整合公司内外所有资源的人，他是此次双 11 的资源集大成者，拥有足够的决策权。小公司，基本由老板担当，短平快。大一些的公司，必须由运营部牵头，一般由运营负责人来担当此重任，因为运营负责人，向上能获取公司的一切资源，向下能够调动所有人。

（2）分批次扩大队伍。双 11 是全公司过年，虽然最后是全员参与，但在双 11 前期、中期、后期，也会涉及把队伍逐步拉进群的过程。比如前期主要是双 11 的目标分解，运营资源谈判，品牌营销策划，主视觉的构建等等，只需要前端部门有序开展推进。然后，逐步加入客服团队、物流团队等，最后是后勤部门。

（3）分工权责明晰。每个阶段的队伍负责的工作方向是不同的。双 11 大军也是由各个旅、团、营构成，各职能模块有各自的分工，既独立运作又互相协作支持。

（4）建立一支开心队伍。双 11 时间紧任务重，每个团队每个员工都顶着压力前行，如果心态出现问题，变得越来越不开心，那么队伍就不好带了。团队的企业文化建设，必须跑在最前面。把双 11 打造成欢乐海洋。

第 3 步　货品规划：为双 11 备好子弹

货品是命脉。它是实现目标的子弹，必须排好兵，布好阵。市场竞争、会场设置、官方玩法，每一个环节都很重要。要根据“二八原则”，分配货品的结构，哪些是走量款，拉升成交业绩；哪些是形象款，拉升品牌调性；哪些是战略亏损款，导流量等等。

要根据双 11 的战斗目标、品牌定位和平台方会场的资源来分配、设定整盘货的走向安排。这部分工作，一方面需要大量数据来支撑，并进行分析总结；另一方面也需要行业经验的直观判断。关于货品的规划，总结一句话就是：理性分析，感性判断。一家一个样。小狗电器属于家电产品，物料采购周期和生产周期均很长，产能拉升速度相对不快，增加了备战的难度，这就更要求团队提前提前再提前。

关键点：请大家注意小狗电器在这里提到的货品结构，在这个案例中，小狗电器毫不吝啬地指明了它们在安排货品结构时是规划了几种不同类型的单品，有的用来提升品牌形象，有的用来拉动成交额，有的用来吸引流量。这个规划工作，不仅在双11，平常也很需要。至于具体选择什么样的单品，跟平台的规则有关系，跟所处的品类有关系，跟品牌自身的特点也有关系。小狗电器在这里所说的“战略亏损款”和我在第一章第三节中所提到的以有价值的低价作为流量入口，基本上是同一个意思。或者我们可以更贴切地称之为“战术性亏损款”，无论如何，它的作用是让消费者能跨过较低的门槛对品牌形成认知，并在店铺中开始他们的购买轨迹。

第4步　三军未动，粮草先行：资源保障工作

在目标、人和货都确定后，必须把资源拿下。

从平台方入手，主要是会场资源：主/分会场、PC/无线会场等等，会场资源是有限的，必须用最优的体验、最好的方案来赢得相对应的位置。

从自身入手，主要是后勤保障。特别是双11当天，只剩下卖货和发货两个大组了。比如说，为了用户的体验，让他们尽早收到货物，小狗铁军能把双 11 当天的所有订单在 24 小时内全部发完。2015 年仅双 11 当天，小狗军团就发掉近 15 万份订单。平均单品毛重 7~9 公斤。在菜鸟尚未成熟的过程中，所有的货都是从北京仓库中心发出，面向全球近 80 个国家。这些年，双 11 的物流发货，都是由小狗团队自行完成，发货的速度和准确性堪称业内奇迹。2016 年天猫双 11，已经开始全面要求使用菜鸟联盟体系，从某种程度上缓解了小狗电器自身的发货压力，同时可以实现 50 个以上城市的次日送达服务。

第 5 步　团队激励：面包和黄油都有

有了以上准备以后，为了玩转双 11，这个环节必不可少。怎么在强大的目标压力下，让团队成员激情澎湃，为团队荣誉、企业江湖地位而战？这就需要团队激励。关于此部分的玩法，要做好以下几点：

（1）激励要有的放矢，不可眉毛胡子一把抓。

（2）激励要看得见摸得着。激励不是画饼，而是要解决问题。

（3）激励要物质和精神文明同步抓，长期短期相结合，务实务虚要相辉映。

（4）相信榜样的力量。这个部分，往往可以起到以点带面的作用。

（5）高度统一所有团队成员的团队价值观。

双11必须在目标的牵引下，实施短平快和长期稳定向前发展的目标激励。每年双11，小狗军团在团队激励方面，都要绞尽脑汁，创意不断。目的就是为了激发出一个充满挑战并快乐的小狗军团。

第6步　防患于未然：风险控制

很多商家，并没有意识到要做这一部分。这和商家自己的风险特征极为相关。风险敏感型的商家更愿意做这样或那样的风险防范。越是大的目标，越是需要风险防范，以防万一。

比如说，关于供电系统，电商必须确保电源不断电等。除了主线供电体系，还要有辅助电器工具等待随时上线。

关键点：小狗电器的风险意识是非常值得赞赏的，此处的例子非常朴实，但也非常有用，细微之处很容易让人忽略，阿里巴巴在每年的双11期间也要将大量的人力物力用于系统保障上。同时，风险管控还应该体现在策略执行上，比如库存风险、售后风险等等。在这些方面做风险预判和策略制定，就需要大家对数据进行全面的分析、理解和掌握。

第7步　雄关漫道从头越：总结分享

回顾、分析所有的环节，严格地总结不足，批评与自我批评，改善方法，为下一步战斗和后来的团队成员留下一笔价值不菲的知识财富。

第四章

关于双 11 的未来

第一节　大众消费品终将成为这片战场的赢家

2015 年的双 11，优衣库又一次成为销售额第一个破亿的单店，而最终的全品类销售冠军被小米拿下。

这两个品牌，两个商家，分处于完全不同的品类之中，大概很少有人会将它们放在一起进行比较，但既然它们都能在双 11 取得连续不败的成绩，它们就应该有着某种共同的特质，或者使用了某些相似的方法。也许，我们通过对比两家的共性，可以找到在双 11 当中制胜的方法，兴许还可以看到天猫平台未来的发展路径，以及双 11 未来的某些可能性。

优衣库和小米

2015 年 11 月 11 日凌晨 2 分 35 秒，优衣库天猫旗舰店销售额破亿，成为最快破亿的单店，最终，优衣库的销售额突破了6亿元，卫冕双11服饰类销售冠军。同时，在所有品类的排名中，从前一年的第5名上升至第4名。

而小米的红米Note2型手机成为天猫销量第一的手机类单品，小米平板成为销量第一的平板电脑类产品，小米手环光感版则获得了智能设备类单品销量第一的好成绩。小米天猫旗舰店销售额达12.54亿，依旧卫冕全品类销售排名冠军。

小米做的是数码硬件设备，手机、平板电脑以及近几年拓展的智能设备和小家电，我们把这类商品叫作标品，也就是规格化的产品，有明确的型号，每个型号对应一套明确的参数。通常标品的价格浮动范围较小，不同消费者对于产品的预期不会存在很大差异，产品到达消费者手中对消费者形成的交易回报，也具有相对较高的确定性。优衣库做的服装则是最为非标的品类，虽然每款衣服也都有批号代码，但是衣服的每一项参数几乎都是无法规格化的，我们无法用参数来描述日韩风和欧美风的差异，也很难用参数来区分深浅不同的黑色。

一般的做法是，服装品牌要做到设计风格新颖、独特，能抓人眼球，款式丰富、多样，在保证面料和品质的基础上提升供应链效率，从而降低成本减小库存风险，通过不断打折来刺激消费者购买以保证销售收益。数码产品品牌要做的是，投入研发力量，不断地设计、研发新的型号，通过在硬件条件上不断推陈出新，来推动消费者持续的关注和购买，提升复购率，一旦新型号面世，旧型号就不再具有那么高的市场价值了，然后通过一定的折扣来清理旧型号库存，回收成本。然而，我们发现无论是优衣库的做法还是小米的做法，和它们所处的品类里其他的品牌商家的做法，都不尽相同。

优衣库的产品几乎涉及服装大类里面的每一个小品类，但从款式上看，每年推出的新款只有 1 000 种，平均每一个末级品类里的新款数量比其他服装品牌都要少很多。在款式设计上，优衣库从来不强调个性，只做基本款。每一年双 11 最火爆的两款单品，一款是优衣库的轻型羽绒服，另一款是优衣库的摇粒绒衫。几乎只要熟悉双 11 的消费者都知道，这两样东西，需要提前加入购物车，并且在零点到来之前提前打开购物车页面，像参与秒杀一样的速度才能抢得到。好几年以来，轻型羽绒服和摇粒绒衫，样式没有变化，甚至色彩、图案的变化也不大，却成了优衣库最长销、最成功也最典型的爆款。

从某种角度来看，这两款衣服，都有一点儿像标品。比如，轻型羽绒服的款式不挑身材，任何人都能穿，不同人穿上之后差别不大，另外，轻型羽绒服具备一定的穿着功能，保暖、可以防水、有抗雨雪能力，整件衣服的质量非常轻，不但穿在身上轻若无物，还可以被轻巧地卷起折叠，方便随身携带。这里所说的标品特质，并不是指优衣库把衣服的某些参数做得可规格化了，而是指优衣库降低了衣服作为非标品的装饰功能，突出了它们的穿着功能，通过建立某种可被感知的标准，使得它们可以向消费者传递比较明确的消费预期，在购买衣服之后得到比较确定的消费回报。而且，轻型羽绒服和摇粒绒衫，都是冬季单品。在冬季，保暖御寒同时合身轻巧，可以说是现代都市人在穿着方面比较硬性的需求，优衣库在设计产品的穿着功能时，正是朝着这些硬性需求的方向进行切入的。所以，优衣库的策略实际上是找到消费者的真实需求，在非标的行业里挖掘出可被标品化的品种，然后设计出突出的、外显的产品特质，再用高品质传递给消费者明确的消费预期，从而打造出具备某些标品属性的爆款。

在供应链侧，优衣库的做法是一切以控制成本为中心，做到以最优的成本配置来进行批量生产。优衣库的基本款策略决定了它所需的面料、原材料品种相对集中，批量较大，所以它可以进行集中、大规模采购，也可以在和原材料生产厂商的谈判中掌握主动权，可以拿到相对实惠的价格。同时，它选择人工成本比较低廉的地区来发展自己的代工厂，一方面通过建立长期的合作关系来捆绑利益，从而保证成衣品质，另一方面以适当的节奏变换生产地，不断地寻找物料、人工价格更低的地区。据一组来自互联网的数据显示，优衣库在中国生产的产品已经从 90%下降到了 70%，更多的成衣代工转向了孟加拉国、越南、印度尼西亚等地。再加上从商品开发、设计、面料采购、生产过程控制、品质控制到终端的零售，全部环节都由优衣库自主运营、全程掌握，这么做省却了中间环节的损耗，提升了供应链的反应速度。以上这些做法，让优衣库可以在各个环节压缩成本，还可以加速它的技术进步和工业化进程，使得它在成本管理和控制方面获得了明显的优势，并为终端零售灵活的营销和销售方式留出了足够多的价格空间。

一件短款的优衣库轻型羽绒服，双 11 活动的折后价格为 359 元，比常规零售价优惠 40 元，比起其他一些品牌打折动辄就是优惠上百元，优惠幅度明显较小，但是轻型羽绒服在穿着功能方面稳定的输出，能够给消费者带去长期不变的而且有很高确定性的消费回报，因此在众多消费者看来，它成了一款“硬通货”，有明确的价值作为基准线，以这个基准线为参照，哪怕只便宜几块钱，消费者也会认为这是购入这款商品的好时机。同时，优衣库强大的供应链管理体系又能支撑它把商品的终端零售价压到足够低，所以，优衣库能打造出轻型羽绒服和摇粒绒衫这样物美价廉、历久不衰的爆款。

普通消费者在买衣服的时候，更多的是看衣服与自己合适不合适，我们前面说的优衣库就是通过提供突出的功能性和通用性把消费决策的过程缩短，把“合适不合适”这个问题的疑虑降低。但在小米所处的标品品类里，做法可能正好相反。每一款商品都被一串串编码标注出其特性，不同品牌的同类商品被码在相近的货架上，由消费者通过对比一组组客观参数来选择哪一个性价比更高，自己要买哪一个。所以，标品通常看上去冷冰冰的，在消费者端也不容易产生独特的可识别性和高度的黏性。

小米的做法就是在标品的客观表现当中加入主观的因素，让用户参与到产品设计、服务互动以及品牌建设当中，增强用户对于小米品牌的情感连接，从而使用户对小米品牌和产品产生强烈的认同感。这么做其实也是在缩短消费者的购物决策过程，通过在品牌和产品当中加入非标准化的文化内核，减少原来在消费者反复对比不同品牌型号的功能或者性能的过程中所损耗掉的购买转化。当然，小米一样在供应链管理上下足了功夫，它通过与专业代工厂结盟的方式，减少中间代理商和流转环节，缩短链条，直接对接生产厂商和用户，从而降低成本，同样给零售端的销售策略提供了灵活的空间。

可以说，小米的策略是在与消费者的互动中找到情感连接的切入角度，在原来只强调功能和实用的标品中打造出融入非标主观情感的单品系列，再从营销端入手，不断强调小米和每一个用户之间的强关联，使用户成为品牌粉丝，培养忠诚度。

通过这两个长胜品牌，我们可以看到，标品不再那么标，非标也不再那么非标，它们在相互借鉴，尤其是在品牌建设、产品规划和产品设计等面向消费者端的决策当中，正在向着对方的领域迈进。我们也看到，如果标品的确定性和非标的情感连接结合得好，就可以给消费者带去更大的价值和更好的消费体验。

我们可以暂且把这种标品里结合了非标品的优势，非标品里带有标品属性的商品称作为新标品，只要我们用“用户对消费回报是否有明确的预期”“消费回报是否在一定程度上可以被进行客观地比较和衡量”“用户是否对品牌或某个单品系列产生主观的偏好和依赖”这几点去观察近几年以来出现的一些爆款，就不难发现很多爆款都有新标品的特征，比如美国超市品牌 Costo 的柯克兰盐焗综合坚果罐，在 2014 年参加双 11 的第一年就以 10 万罐的销售量一炮而红。

为什么新标品成了双 11 最大的赢家?

分析完优衣库和小米之后，有些人可能会认为新标品的产品定位和商业实现固然是有价值的，但这似乎仍不足以说明这两个品牌在双 11 取得成功的原因。事实上，新标品的商业路径确实是品牌基本策略方面的问题，但因为新标品在策略起始点上就解决了消费者消费决策的问题，所以它有助于品牌在销售策略当中获得更多的灵活度，也就有利于品牌在大型集中促销活动中，凸显出自已的优势，从而获得成功。

首先，网购这种消费方式决定了消费者没有试穿、试用等亲身感受的亲测过程，不能让消费者顺利地感知到商品合不合适、好不好，成了很多商品，尤其是非标品最大的网销障碍。像优衣库把衣服做成通用款、基本款、功能款的做法，不但降低了消费者在线下购买的选择成本，同时，相比一般标品的网购，还方便了消费者对不同型号产品在功能、实用性和价格方面的比较，但这也加剧了标品之间的竞争。小米的做法可以让它的用户和潜在用户们跳过“比较”这个步骤，直接选择它的品牌和产品，也十分有效地提升了网购的转化率。所以，其实新标品非常适合成为“网红”，非常适合网络销售渠道。

这里不得不插播一个吐槽。阿里巴巴以前成立过一个公司叫作“一淘”，主营业务是一个网购搜索入口，主要提供购物比价功能。当时有不少人看好这种模式，认为它会成为网购入口，但即使可能被认为是马后炮，我们也可以尝试着分析一下，从零售角度来讲，终端匹配是需要讲效率的，把同款商品不同价格的购买链接放在一起，真的能提高效率吗？看似这么做能让消费者进行更直观的选择，但事实情况却是，更多的人在看到相同商品的价格差距很大的时候，都会产生疑问：为什么这个那么便宜，而那个有点儿贵，难道那个是正品而这个不是，或者这个价格低的有什么问题，难以获得消费保障吗？当我们希望通过信息透明来提升匹配效率的时候，必须注意到引导购物决策的信息应当是全方位的，价格虽然是很重要的一项，但绝对不是唯一的一项。有的时候，价格这个维度和别的维度在消费者眼中可能是对立的，如果不能做到信息全面透明，而只是单纯地把比价摆在消费者面前，就很容易给消费者带来困惑，不但拉长了购物决策过程，甚至可能直接打断消费者的购物路径。

所有的电商模式，其核心永远是转化率，货架型模式讲求的是购买转化率，内容型、社区型模式讲求的是从游客转化为长期且有购买用户的转化率。无论我们把转化率分解成复购率、消费频次、黏性，还是单次购买转化，新标品都有着明显的优势。所以前面我们才说，新标品有网红的潜质。双 11 是以网购为基本形态的大型集中促销活动，双 11 期间，大量购买流量集中在天猫平台，需要在短时间内进行供需匹配，无论是消费、平台还是商家，都希望每一个购买都能在最短的时间内形成，购物决策过程越快越好，购物路径越短越好。新标品在消费者端通常有着清晰的认知，而且可能几年过去了，这种认知也没有发生什么变化，比如前面我们说的优衣库的轻型羽绒服，款式几年都没有变过，Costo 的坚果罐，品种、重量、包装也是一直都没有变过，或者消费者其实非常清楚它会怎么变，比如小米手机，变得更轻更薄，屏幕分辨率更高，出现一些新奇、实用的功能，大概就是这样。这种稳定的消费者认知帮助新标品减少了因需要不断取得消费者认可带来的购物决策成本。同时，新标品在市场中具有稳定的市场价值，消费者非常清楚平时或者在线下超市，Costo 的坚果罐卖多少钱，每年双 11 必然是它最便宜的时候，此时不抢更待何时。另外，新标品一定是满足了消费者在某一方面比较硬性的需求。还是以坚果罐为例，它可以满足你同时吃几种坚果又不需要一样一样购买的需求，看起来就超级实惠方便，对消费者来说，即使暂时用不到，在双 11 时先买下来也绝对不会后悔。所以，毫无疑问，双11需要能产生高转化率的商品，而新标品正是其中最能如鱼得水的那一类商品。

双11将是大众消费品的天下

这些年来，由于国内经济的发展，网购带动零售业的发展，人们的生活水平得到显著的提升，大家的消费取向显现出一些变化。一方面，很多人不再满足于普通消费品原来单一的功能，或者有一些人在某种功能上追求更新颖的技术服务以及更高的品质保证，更多的消费者愿意用更高的价格来获取更大的价值。另一方面，越来越多的人找到了自己的特殊喜好，在某一个领域或者某一种品类上，表现出明显的个性化需求，比如有的人爱上了夜跑，为夜跑购买各种复杂的专业装备，有的人成为资深吃货，从阿拉斯加深海鳕鱼到澳洲沙朗牛排，从墨西哥牛油果到中国云南松茸，把全世界的美食都吃了个遍。

将来，消费层次很有可能会出现这样三段式的分布：底部一段是可以覆盖消费者生活方方面面的“什么都能买得到的市场”，今天，这一段的主导者是万能的淘宝。中间一段是真正满足消费者日常消费所需的，为消费者提供有较高品质保证和确定性消费回报的消费品市场。我们可以把像优衣库和小米那样，能在某个品类或者某个领域里向消费者提供满足某种刚性需求，且市场价值在同品类品牌中具有明显优势的商品品牌，称作为大众消费品品牌。将来，这一段市场将会充斥着各种大众消费品品牌。第三段是个性化需求市场，其实更准确地讲，应该叫分众市场，这一段中的局部市场不一定小，基于网络的匹配效率，可能最终个性化需求和个性化场景能匹配到的消费者绝对数量不一定小；这一段中的局部市场所对应的需求可能确实是在某个领域里处于高冷的状态，比如有些人爱喝茶，不断追求更好品质的茶叶，更加精美的茶具，更高水平的茶艺，但并不是所有局部市场都是这种状态，也有可能是在大品类当中切了一个细节品类，比如垂钓，只是在户外运动大类当中的一个小品类，但随着人们生活水平的提高，会有越来越多的

特征：满足部分人的局部需求或偏好，功能性偏弱，场景性、内容属性（社区 / 社群）较强，个性化程度高，每一块分众市场的人群覆盖面不一定广，但市场容量不一定小。

特征：满足普通消费者生活各个层面的基本需求，功能性、便利性高，个性化程度不高，市场内“大”品牌云集。

什么都能买得到的市场

特征：极大丰富性，较高便利性，用户覆盖广，但缺失个性化体验。

图 15　三层消费市场

人在闲暇时间为自己培养喜好，垂钓可以覆盖到的人也会越来越多。

我想，天猫的志向应该是在第二段消费市场当中成为主导者。

把盛产新标品的品牌定义为大众消费品品牌，可能会让大家把它们和大品牌等同起来，毕竟在本文的实例中我们提到的两个均是实力不俗的大品牌。但是，过往基于传统零售环境成长起来的大品牌，和基于网络零售发展而来的大众消费品品牌之间，有着非常重要的差别。

与网络零售同步发展起来的大众消费品品牌和传统大品牌一个主要的区别是它们的配销结构更加扁平化，能够得到更快速、更高效的市场反馈，因此它们可以研发出更多具有“消费者入口”特性的强势爆款。它们也许非常专注，只做通过频繁互动在消费者端已经得到了验证的单品、垂直品类，比如小狗电器，从2007年入驻阿里系电商平台以来，一直专注于“扫地”“吸尘”这两件事情，2008~2013年连续6年位居淘宝吸尘器品类销售第一的位置。它们也许因为掌握了消费者对于多样性的需求以及兴趣点变化的规律，而提高了自己的供应链应变能力，变得非常灵活，不断用新的爆款来替代自己的旧爆款，以这种方式获得更多长期关注品牌的高黏度用户，从而在消费成绩上取得长期的优异表现。

在2015年双11各品类品牌店铺交易指数（也称交易行为

数，如交易金额、支付订单数等拟合出的指数类指标。交易指数越高表示交易行为越多）排行榜当中，女装前 10 名的品牌店铺中有 4 家是从互联网上诞生的所谓“淘品牌”。在家具大类和零食类当中，排名第一的也都是“淘品牌”。在未来（其实未来已经到来）的几年里，所谓大品牌会经历一轮洗牌，一方面，一些具有互联网基因的品牌正在逐步走向历史舞台的中心；另一方面，很多传统品牌正在快速吸取互联网品牌的优点，改变自己过去的销售形态，以适应新的更多样性的零售环境。更多在消费者端有着自己明确认知的大众消费品品牌，也将会出现在我们的生活里。

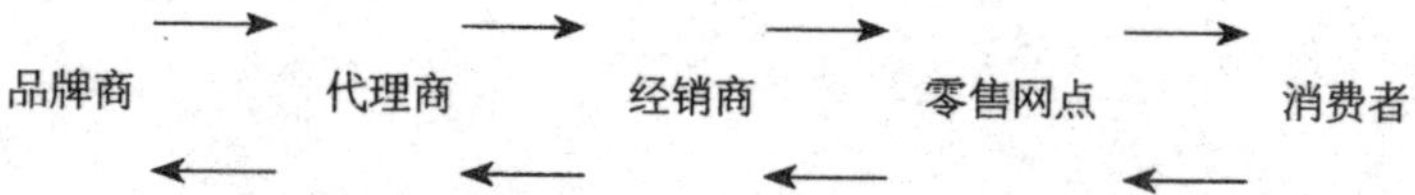

注：——→ 为商品分销供应链的流向，可见商品与消费者匹配效率低、价格高，伴随商品所触达的服务也是效率低、成本高；
←—— 为消费者信息反馈流向，过程长，中间环节多，信息失真、易流失，对品牌商来说，数据、信息回收再利用成本高。

图 16　传统供应链流程图

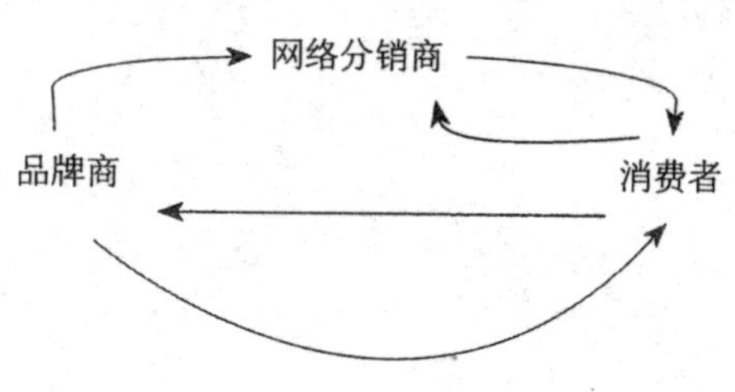

注：——→ 为商品销售供应链省去中间环节，大大提升效率，有效释放了价格空间；
←—— 为消费者数据、信息，完整、全面地反馈至品牌商，成为一手材料，可直接应用于生产、销售策略调整和改进。

图 17　网络分销商供应链流程图

天猫主导这个大众消费品品牌市场的方式，可能也会发生一些变化。在某些仍然需要多样性的品类里，天猫应该仍然会保留大平台的身份，给各种不同定位的品牌提供环境、提供空间；但对一些消费者对服务要求较高，商品向消费者传递的消费预期比较明确，品牌之间的差异性较小的品类，天猫可能会选择走向B2C的自营模式，通过对零售环节的全面介入向消费者提供统一的、有高度保障的和有确定性的服务和体验。

至于双11，大流量集中，高密度成交，对消费者来说，快速下单囤货的消费场景，一定是更多经得起反复推销、物超所值的大众消费品集中爆发的最好机会。

第二节 双 11 会成为全世界的狂欢节

“速卖通”是阿里巴巴的又一个电商平台，是由国内的厂商直接面对国外消费者的跨境电商平台。2015 年双 11，速卖通跨境出口共产生 2 124 万笔订单，创历史最高纪录，覆盖 214 个国家和地区，并且双 11 当天速卖通 APP 在全球 121 个国家和地区购物类 APP 综合排名中（含下载量、用户活跃度等多项指标）均为第一。那一天，除了中国人以及在中国的外国人之外，100 个老外中就有一个在浏览速卖通。

速卖通的双 11 活动从美国太平洋时间 11 月 11 日零点开始，开场第二分钟，瞬时交易峰值冲垮俄罗斯当地最大两家银行，在紧接着的一小时内，西班牙、以色列、乌克兰、哈萨克斯坦、南美地区多国银行对接系统告急。速卖通不得不紧急限流，让各国银行系统复活。即便如此，速卖通成交额仍在第 7 个小时便超过 2014 年双 11 速卖通的全天成交额。

2015 年的双 11 当天，有超过 3 000 万中国人购买了进口商品，这一数字接近 2014 年全国出境人次的 1/3。当天，有 5 000 多个海外知名品牌参与了双 11 的活动，其中一些品类，消费者购买进口商品的比例已经增长到非常可观的程度，比如母婴成交占比近 30%、美妆成交占比 2%。

Costco 是美国第二大零售商、最大的连锁会员制仓储零售商。之前我们提到过，Costco 于 2014 年借助天猫国际进入中国，并在当年双 11 销售 10 万罐、重达 90 吨的综合坚果，以及 14 万包蔓越莓干，已经走红。2015 年，Costco 继续凭借这两款商品，在天猫国际进口成交排名中傲居首位，销售额超过 5 000 万。

麦德龙是德国最大的超市集团，是较早把欧式经营与欧洲进口商品带到中国的商业集团。其在 2015 年天猫双 11 成功预售 14 万箱牛奶，而每年麦德龙在中国 82 家门店全年的液态奶销量是 22 万箱。

“买全球”的风，正在吹起来

印象中，从 2014 年开始，就不断有各种新闻在报道，中国人一会儿去日本淘马桶盖，一会儿去法国买酒庄，一会儿又去韩国集中采购化妆品。商务部的数据显示，2015 年中国游客的境外消费约为 1.2 万亿元，继续保持世界主要旅游消费群体称号。网上有数据显示，2015 年，中国消费者在全球的奢侈品消费达到 1 168 亿美元，也就是说，这一年，中国人买走了全球 46%的奢侈品。这其中，910 亿美元在国外发生，占到总额的 78%。也就是说，中国人近八成的奢侈品消费是“海外淘货”的。

其实不用看这些数据，看看发生在我们自己身上的事情，就可以感受到中国人对“洋货”的强烈需求。我也是一个贪玩的人，每年要出国至少两次，虽然我并不是一个喜欢购物的人，但旅伴几乎都是，于是总是被迫安排出至少一至两天的时间，专门用于购物，而我们每次来到国外的购物场所或者在机场的退税窗口，也总能遇到“壮观”的场面。整场整场挤满了黑色头发、黄色皮肤的面孔，堆满了各种各样的货品，无论哪种肤色的导购员、服务员都会说上几句中文，能够熟练地向中国游客推销各种东西，他们甚至知道什么化妆品适合黄种人的皮肤，什么东西最合适带给父母。

以上这些现象，反映出中国消费品市场一个十分显而易见的趋势，那就是“买全球”，不管国家政策如何变化，全球好货会堵也堵不住地不断流向中国市场。

我们不妨来分析一下其中的原因。

比较浅显的原因是价格。据不完整的数据调查，同样的酒类商品，国内国外平均价差高达 64%，最高价差达 85%；腕表平均价差 33%，最高价差 83%；而消费者最常买的服装、香水、箱包、化妆品和皮鞋，价差都在 30%以下。价格因素当然非常重要，单价越高的东西在国外买比在国内买省得越多。

比价格更核心的原因是，随着社会整体经济水平的发展，随着人们前些年被网购培养起来的消费需求，消费者的消费水平被真真实实地拉高了。人们除了日常所需之外，比以前更关注新潮的、代表着高科技的产品；更愿意稍微多花点儿钱，去选择更具有美感、品质更好、更加耐用的消费品；更多的人开始关注品牌，开始留意品牌的背书和品牌所传达出来的生活态度。

但也是在消费需求发生变化的这些年，国货却没有给大家留下足够多的好印象，反而在很多地方频频出现问题。2013 年连续爆发的食品安全问题，每年“315 晚会”总有电器、化妆品等距离我们生活很近的商品被曝光。而且，这几年国货并没有抓住消费增长的契机，发展出一些在品质、文化、服务等各方面都足够靠得住，又能让消费者耳熟能详的品牌。于是，消费者把渐渐鼓起来的钱包，投向了洋货，这是非常顺理成章的事情。

另外，还有一件事，也会在近几年促进整个海外淘货的市场。前些年，率先被我们熟知的品牌，都是国外的一些所谓奢侈品品牌，这多亏了纸媒时代媒体对所谓时尚的追捧。但实际上，国外值得买的东西，远比那些奢侈品要多得多。初始阶段，大家去国外买奢侈品回来，多半是因为买了个“大家都知道”的牌子，穿戴或用在身上，好在人前显得有品位或者有面子。但随着奢侈品渐渐普遍了，随着人们的海淘频次逐渐增多了，大家发现，随身佩戴一个名牌包并不是很了不起的事情，于是人们的需求渐渐归于真实和实用。这个时候，国外一些精于技术、精于耐用的品牌，就会跃入人们的视野，大家会发现，国外值得买的东西，还有很多很多。

毫不夸张地说，有以上需求的消费群体，非常大。知名的海外购物平台“洋码头”有数据显示，海外购物的主流人群集中在 25~40 岁，其中 25~30 岁的用户偏爱鞋服美妆，30~35 岁的用户更钟爱箱包数码，35~40 岁的用户除了珠宝轻奢外，还关注营养健康类的商品。简单推算一下，这个年龄档的人群，几乎就是当年网购兴起时，组成电商红利的主力人群。

有人说，国内电商的下一个红利人群，应该在农村，这一点，我也认同。如果“买全球”的红利人群，就是当年率先跑到网上来买东西那群人，那么，他们的消费能力，他们的社会影响力，他们对整个行业的带动能力，在电商兴起时代就已经被验证过了，因此，相信在近几年里，他们买遍全球的能力会再度被验证。

天猫需要为买全球解决的问题

淘宝有一个交易模块叫作“全球购”，用代购和直邮的方式做着海淘的生意，已经好多年了。虽然全球购也是海淘形式的一种，我们先不说这种模式和国家的法规政策是否存在摩擦，单就它自身而言，也存在很多问题，以至一直不温不火，发展不起来。问题主要集中在两个方面，一个是货源是否是正品，货源质量究竟如何，始终难有确定性的保障；另一个是交易流程效率低，过程比较复杂。

前一个问题，“全球购”的出货方都是个体卖家，它们以代购的形式完成货源组织，这种组织方式缺乏良好的信用基础作为背书，货品的品质没有保障的依据。而且这种缺乏组织的组织，会对货源的覆盖范围产生限制，不利于让更多的品牌被发掘，也不利于让更多的优质商品被连接到国内消费者。

后一个问题，代购这种方式，需要买家们懂外语，拥有海外信用卡，还要自己找转运公司完成物流订单，这些地方遇到的各种障碍，会一再拖长交易时间，也让购物体验差到了一个极限。

当然，在没有全球购的岁月里，我们买到进口商品的过程更漫长，能买到的进口商品更少。很多进口商品要经过多级代理才能来到消费者面前，所以在我们面前表现出来的高价格，其实不光是各种税费，还有各种中间商的层层利润。

天猫是B2C平台，这个路数可能并不是放之四海皆显灵的，但在跨境进口业务上，还是能非常奏效的。天猫国际用的仍然是B2C平台的方式，绕过了中间的贸易商、进出口商以及国内参与利润分成的层层渠道商，让商家直接面对消费者，和国内电商起步发展时一样，大幅缩减了中间成本，降低了价格。在保税备货进口这种模式下，大宗货物的集装箱海运取代了单件包裹的直邮，这么做相当于让单个消费者的跨境物流成本降低了大约 90%。

B2C 的方式，更大的好处就是真正打开了国外的货源。更多的国外品牌通过 B2C 平台发现了和中国消费者建立高效连接的方式，原先中国消费者可能并不熟悉的国外品牌，通过这种方式可以瞬间打开中国市场，而且让国外品牌商直接面对境内消费者，正品的问题也就自然被解决了。

在上面所说的问题当中，尤其关于流程的问题，其实是体系型的问题，需要配合基础设施的建设和一系列基础配套服务的发展，才能真正获得解决。

比如原本进口流程当中耗时最长、过程最不确定的可能是政府海关部门的监管过程，原因在于缺乏信息的高效对接。在借助互联网信息技术的条件下，就可以把消费者支付宝的实名信息、网上交易订单信息和菜鸟网络所提供的国际货运物流信息进行实时关联和合一，并和海关口岸的电子化信息对接。这么做，既不会错也不会漏，还方便了海关、商检部门进行信息调取和检查，提升流程效率。

保税区的运输、保税仓储、快递发货以及刚刚提到的监管对接，这些围绕着保税进口平台的供应链服务，不断地发展，服务水平不断地被提升，可以让中国消费者在跨境消费的交易、支付、物流等过程中，逐渐享受到和境内网购一样便捷的体验。

“卖全球”的机会

我们先来了解一下以前的外贸过程，然后再看看把外贸这件事情搬到互联网之后，会有些什么变化。

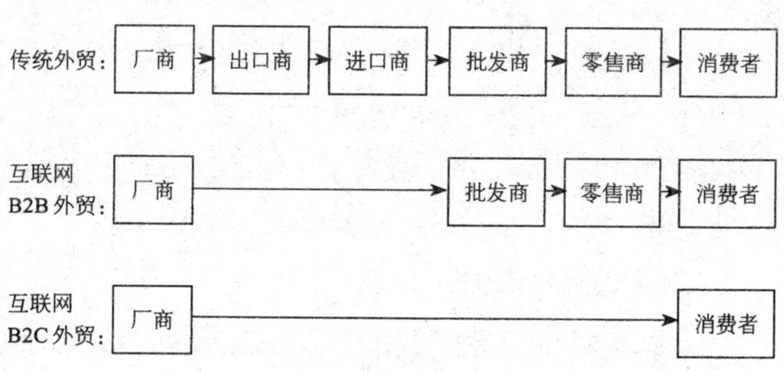

图 18 “卖全球”

传统外贸，中间有那么多商业环节，有那么多方要在中间取得利润，和进口一样，可想而知，出口商品在国外消费者面前的价格也是相对比较高的。

从数据上看，2014 年中国出口按照美元计算仅增长 6.1%（如果按照人民币计算增长 4.9%），创下 2008 年金融危机复苏后的出口增长新低。事实上，从金融危机以来，中国出口在短暂的恢复之后，一直处于一路放缓的状态。中国第一大深水港宁波港发往世界各地的集装箱和 2008 年以前相比，减少了大概 1/3。

为什么中国的出口会呈现这样一种颓势？大概有两方面的原因吧。

中国一度是全球共知的“世界工厂”，很多国际知名品牌都把供应链的制造环节放在中国境内，因为中国的劳动力便宜，生产成本相对较低，也是同样的原因，中国所生产的消费品，在出口前就拥有较低的起始价格，因此为出口商、国外进口商等中间商留出了很大的价格空间，也容易在国外市场上获得价格优势。但现在，中国的劳动力成本不断提高，各个品牌商陆陆续续将制造环节移出中国，中国制造在世界市场上也不再拥有价格优势。

另一个原因恐怕是境外的需求，在金融危机之后，根本没有真正恢复到以往的状态。人们的消费和以往相比，变得更加理性，需求也因此变得更加散更加细。原来的进出口链条是集中式的，境外进口商集中采购，量大而种类少，同时，利润在这种集中式的各个环节间，不断被摊薄。所以，整个链条的运作都显得越来越低迷。

出口放缓，但速卖通却在变得红火，这不矛盾吗？为什么在互联网上呈现出和线下不一致的景象？这也不难理解。

首先，流通环节的减少，使得毛利率不断提高。也可以说，在中间环节被取代之后，原本被中间环节分走的利润，可以拿出来分配给消费者和厂商，在毛利率增加的同时，消费者看到的价格也更低了，这在境外消费者缩减了消费需求的情况下，对打开市场是十分有利的。

然后，就像当年国内电商的发展过程一样，很多品牌商都在阵痛后尝到了直接面对消费者的好处，中国企业直接面向海外的消费者，也可以直接获得海外个人消费者的反馈，不再受制于海外的贴牌商和海外的各种中间商，可以及时、真实地了解海外市场消费者的需求，并进行有针对性的改进。举一个例子，速卖通在美国卖得最好的商品之一，是假发，假发在美国的需求量非常大。有一个美国的黑人女孩，通过速卖通从中国买了一顶假发，在游泳的时候出现了问题，这件事直接推动了世界上第一款防水假发在中国的生产，并快速地铺到速卖通上进行销售，很快成为畅销美国的爆款。

国际知名投资人孙正义先生有一个时间机器理论，大致的意思是说，某一个行业在某一个相对落后的地方的发展过程，可以参照这个行业曾经在相对先进的地方发展过的轨迹。不知道大家是否记得，我们前面说过，电商之所以没有在美国发展得像在中国那么好，是因为在电商发展起来之前，美国的零售业已经十分之发达，而中国当时无论是基础设施还是配套服务，都还比较初级。电商一来，给中国消费者带来的是前所未有的消费体验，所以电商会以摧枯拉朽、风卷残云的方式席卷了中国的零售业。那么，当我们今天把目光再次投向中国以外的地方的时候，就不难发现，在这个世界的其他地方，还有着很多很多像当年的中国一样，既没有电商，线下商业基础设施也较为落后的地方。如果我们把目标瞄准在那些地方，一旦电商进入，就也可能会重复上演当年中国电商红利引发的商业奇迹！

速卖通如今已经成为俄罗斯最大的线上购物平台。现在，速卖通在俄罗斯做促销时，会发生类似前几年我们遇到过的“爆仓”现象，全国性的网上集中抢购，导致大量快递积压在莫斯科的一个小仓库里。即使在这种物流条件下，俄罗斯人 2015 年双 11 在速卖通的购物成交额仍排名世界第一。

另一个例子是巴西。2012 年之前，巴西当地，人们在速卖通下单购物之后，要先拿着订单号到类似取款机的终端，输入单号，存入现金，7 天之后，卖方的支付宝账号才能收到这笔钱，才能进行发货，发货之后，货物平均要过 65 天才能到达。支付工具、物流服务，简直差到不能忍受。但就在这种条件下，巴西的网上购物消费规模，仍然在以每年 6~7 倍的速度增长。

当然，电商的快速增长，一定会驱动当地商业基础设施的不断发展和完善。这种反作用力，我们也已经在中国见证过一次，相信不需要解释太多。

可以预想的是，双 11 在全世界的这些地方，将发挥和前些年在国内一样的作用，会拉动更多的人开始网购，会促进当地配合电商所需的商业基础设施的建设，当然，也会驱动更多的境外厂商、品牌商把市场和销售的重心向网络渠道偏移，逐渐融合。

不难预言，双11一定会成为全球盛会。2015年美国东部时间11月11日的早晨，远在万里之外的纽交所外墙上，悬挂起了大幅的橙色阿里巴巴标志和红色天猫双11的横幅。纽交所的工作人员也身穿印有阿里巴巴字样的马甲，在11月11日这一天向“2015天猫双11全球狂欢节”致意。这好像是在吹响双11正式向全世界发出邀请的集结号。相信在未来的几年，速卖通和天猫国际，会把双11带到世界上更多的地方。

第五章

商业使命与奇迹的关系

本书前面的章节，讲了很多关于电商行业发展过程中的商业机会，阿里巴巴为什么要做双 11，双 11 是怎么做出来的，又是怎么发展到今天这样的规模的。在上述行文过程中，我们探讨的几乎都是如何认识形势，如何辨别时机，如何找到关键引爆点，如何在每一年的活动中做好延续和持续，以及如何运用大平台的优势来支撑双 11 的不断增长。换句话说，我们一直在分析，一直在试图讲方法论。好像只要掌握了每一项重要的方法论，我们就可以将之应用于其他商业行为尤其是互联网商业行为中，就距离成功不会太远了一样。

然而，事实可能并不是这样。

假如我们想要再向成功靠近一点儿，那么我们就不能忽略掉另一件事情，也是我在写作过程中，一直犹豫要不要写出来分享给大家的事情。

第一节　不可忽视的团队力量

很多人正在讽刺“理想主义”，要是有谁声称抱着什么尚未达成且正在努力为之奋斗的夙愿，就总会有人出言冷嘲热讽，甚至给出一个粗暴的判断，又拿情怀做买卖。

事实上，有理想绝对不是一件坏事，也不应该是仅仅停留在我们小学作文里的遥远的事情。尤其是商业理想，对推动社会某一层面的进步，对商业行为本身的成功，都是有意义的。

对于推动社会进步的意义，这个话题比较适合梅雨天在茶室里煮一桌清茶，围三五好友，从商业史上扒一扒，然后谈天说地、各抒己见。在这本书里，我们只说商业意义，也就是“理想”这件事情，比如在商业上取得成功，到底能起什么作用。

以前，阿里巴巴有一个富有理想主义色彩的团队，至少在

2014年上市之前，是这样的。当然也有可能是由于我2014年离开了阿里巴巴的电商核心业务群，所以这后来的事情，即使站在个人角度，我也没什么资格来进行表述，我们只说以前，以前的一些事迹，就足够作为“获得成功”的例证来表述。

所谓“理想主义”，我理解包含了两个方面的意思，一个方面大概是指，在商业愿景、战略选择上，一个商业团队必须找到一个共同相信的商业使命。比如说，阿里巴巴最早提出的“让天下没有难做的生意”，我们以前管这种主张叫作社会责任感，实际上，更确切地来说，是阿里巴巴对自己商业使命的定位。另一方面则是将这一商业使命贯穿于团队建设和管理中，使团队保持一定的理想主义浓度，让团队能够高度团结并且不只是为了眼前的利益而做事情。

我们先来说说“商业使命感”。

商业使命是指，一个商业团队最终要达成的一个长远的商业目标是什么。从不脱离商业本质的角度来讲就是，我们所做的这件事，最终要为社会在商业范畴内提供什么价值，要为谁解决一个可能目前在现实面前难以解决的问题，如果我们做到了，那么，我们所做的事情在可以预期的将来，将会产生一定的商业价值，并且我们相信，基于我们所提供的这一商业价值，可以获取相当的商业回报。

和基于个人理想产生的情怀有着本质的区别，经得住考验、最终能对团队产生较大价值的商业使命，应该要具备这样一些特点，我们继续拿双11来举例，以便大家理解。

首先，符合某种社会趋势。即使是我们所定义的商业使命，它所描绘的状态要得以实现，也需要依赖一些前提，这些前提也必定是要符合这种趋势的。

中国原先的线下零售业态，存在很多不足，消费者的很多消费需求都没有被满足和释放，网购可以解决其中的一些问题，由于网购的丰富性和便利性，它最终会被充分融合到日常消费当中，成为每个人生活的一部分，从而可能改变我们每个人的生活。上述判断是2003年淘宝出生前，阿里巴巴（当然主要是马云和阿里巴巴的战略高层）基于对中国零售业和互联网发展态势的认知而产生的。所以，淘宝的商业使命就是把网购带到每个人的身边，让它改变当时大家的生活，成为未来生活的一部分。

到了2009年，“将来每个人都网购”这个势头，几乎已经是人尽皆知了。既然在那几年之内，我们就会看到网购真的成了人们生活里必然的消费行为，那么，网购就应该像传统零售一样，拥有属于它的购物狂欢节，同样具有高参与度、强互动性，并做到线下零售活动永远无法企及的覆盖面和影响力。它可以影响更多的人，也可以凝聚住所有人，可以在真正意义上让所有的人都卖得得意买得开心。

双11的商业使命就是要做成这样一个购物狂欢节。我们可以看到这一使命是基于网购会普及这一趋势所做出的，是完全符合当时的情势的。

然后，围绕着这一商业使命，我们要做的最重要的那件事情，一定是能提供独特的商业价值并且在未来是符合很多人的需求的。

像双11这样的一个购物狂欢节会有什么商业价值呢？我们之前不止一次提到过，前期它能影响更多人，把网购带到更多消费者身边，让更多的品牌商和商家信赖电商零售这种模式，逐渐让所有人都体会到它的丰富、便利、快捷、实惠；现在，它的价值是让消费者在这一天享受到“回馈”和网购环境中最极致的消费体验，让品牌和商家有机会集中式地面对更多消费者，不仅能卖出去更多商品，还能有一个绝好的机会来提升自己的渠道能力以及整体的网购零售运营能力。

商业使命和目标不同，目标是在一个相对明确的期间达到一个相对明确的可以准确地用数字或者客观的条件描述出来的状态。商业使命属于未来，而不是现在，是比眼前可见的可以触达的目标更具有想象空间的事情。

当时，双11可以参照的目标就是淘宝的年底促销活动，2010年是“1221”，2011年以后是“双12”。虽然在开始的一两年，淘宝的年底活动比双11的交易额大，但那始终只是淘宝一个站点的促销活动，而双11不仅是天猫的，还是冲着全网去的，甚至是冲着全世界去的，这个定位显然更感性，更让人兴奋。

最后一点，商业使命绝对不是被画在墙上的一张饼，如果是，那它也是一张面目清晰、有理有据，足可被人相信的“饼”。我的意思是，商业使命是可以被清晰地描述出来的，有的时候，甚至是可以被预估的，即使不能十分准确，也是能够找到依据进行预估的。记得双 11 的第三年还是第四年，马云说过，希望双 11 能达到千亿级的规模，他的意思大概是，按照网购普及的态势，最终可以覆盖到中国大多数的城市以及农村的一部分用户，到那个时候，双 11 的影响力可能就不仅仅局限于网购用户，其影响力可以外扩到整个零售行业，到那个时候，千亿量级会是一个比较合适的用来评价双 11 是否成功的指标。

我们给团队找到的商业使命，还必须是我们自己真的相信，也足以让别人、让更多的人相信的使命。如果我们相信，即使我们没能成功，最终也会有人在这个方向上做成一件类似的事情，实现我们想要实现的东西，那么，基本上就可以判断，我们找到了属于自己的商业使命。

使命感是决定团队行为取向和行为能力的关键因素，有的时候，是一个团队商业行为的出发点。

我们所明确的商业使命，有利于整个团队在执行过程中进行对焦，使得阶段性的目标和各个职能模块的目标都不发生偏差。

双 11 已经历时 7 年，很快就要迎来第 8 年。今天，我们回头来看它走过的路，会发现过程中的每一步，它始终走的都是谋求共荣的路线。虽然阿里巴巴注册了“双 11”的商标，但是老马也说过，双 11 以后一定不只是天猫的双 11，甚至有可能不仅仅是电商的双 11。双 11 似乎一直没有给自己设置过界限，也不会拒绝各种行业、各个品类的商家加入到双 11 的行列之中。

双 11 把阶段性的目标和要成为全网第一大网购盛事的整体路线结合得非常好，总是能在恰当的时间做出恰当的选择。比如说，在 2013 年以前，双 11 所选择的路线其实是做好推广和普及工作，用越来越便利的体验和最大化的实惠，把大家都汇集到网购当中来。同时，这个阶段最需要做的事情是做好基础设施的建设，提供好基础的服务，用越来越快的支付，越来越让人放心的物流和快递服务，把网购的障碍，尽可能地消除，双 11 在这个时候起到了很重要的基础设施压力测试的作用。然后，2013 年，互联网环境发生了变化，网民在很短的时间内就从 PC 机迁移到了移动端，2013 年和 2014 年，可以看成是双 11 为顺应这一变化，对自己所做的调整，在完成了这个调整之后，又在最恰当的时机把战线打到了中国的农村市场和海外市场。一步一步，双 11 真的如愿地走出了“最大”“全世界”这样的步伐。

当然，一个优秀的商业使命，不能被忽视的就是它对于团队的激励作用。我们经常说，再好的点子，也要有好的执行，否则就是一句空谈。而实际上，一项执行工作，执行到70%～80%，和执行到100%，甚至150%、200%之间，真的是会产生天壤之别的。每一年的双11在执行前，都会先定义出当天的成交额作为执行目标，而后每一个团队分解并领走目标。如果只以完成执行目标为导向，恐怕双11的规模还不到现在的一半吧。我所接触过的执行团队，没有一个会因为目标定高了定低了而讨价还价，也不会因为目标已经达到了而停歇，相反，所有人都清楚共同的使命，为使命感而驱使，因而所有人都在倾尽全力，不只是11月11日当天，每一个双11都是很多人很多个不眠的日日夜夜地辛劳而产生的结果。相信不只是在阿里巴巴内部，这种强烈的使命感也在影响着每一个参与双11的商家。

第二节　我们到底为什么要创业

其实写到这里也就够了，这一节原本没有必要写，只不过，既然说到了商业使命，既然说到了它对于奇迹的产生是有着至关重要的作用的，那么，我不妨把自己在创业路上的一点儿心得，也拿出来分享一下。

现在，有很多人创业，很多人拿了别人的钱来开个饭馆也叫创业。我们不去揣测别人创业的动机，但是，创业是一件历时格外久，需要长时间投入极大的心力、脑力和体力的鏖战。而且，大多数创业的人，都在黄金年龄段，创业对每一个人来说，都意味着巨大的机会成本，用这个时间来做份工作，说不定公司上市了分点儿股票就财务自由了，谈个恋爱就娇妻嘉儿、人生无憾了。所以，选择创业是要想清楚的。

如果有一件事情，是我们自己觉得很好玩，很有意思，很值得为之奋斗的；做出来了，会很有价值，也会有很多人喜欢，也就是符合我们前面说的商业判断，能形成一个具体、清晰的商业使命的，那么，去做这件事就是值得考虑的。

如果，不做这件事，已经到了让人寝食难安的地步，那就开始创业吧；如果做了这件事，让人虽然没日没夜，没有了个人时间，但还是让人觉得兴奋，会不自觉地想要投入，那就去做吧，没什么需要犹豫的了。为了不背负什么责任，必须在这里加一句，如果内心的驱动力并没有达到这样的程度，建议三思而后行。

一旦开始创业，过程必定是艰辛的。有一个段子说：不要害怕创业过程中的困难，没有困难是战胜不了的，因为总有困难会战胜困难。这不好笑，因为这是实情。但无论怎样，请一定要相信你所看到的趋势，相信你经由仔细的思考和客观的分析所得到的结论，请一定要形成你的独立的判断。无论你想做的这件事情，是否正处于风口，它是否能与资本打得火热，它可能没有人做过，甚至没有人知道它会不会成功。要知道，一件已经有人做过了的事，是不值得我们付出那么大的机会成本，冒那么大的风险，全力以赴去做的。如果没有在永夜之中孤单前行的勇气，那就不要轻易开始创业；如果仅仅是因为看到了风起，为了追逐利益，更不能轻易创业。没有可实现的愿景的商业行为，要么就是短期行为，要么就是空口白话，终有难以为继、自食其果的一天。

找到了方向，明确了使命，接下来要做的事情就是有策略、有步骤、坚定地执行下去。双11的例子摆在面前，任凭阿里巴巴这样偌大的一个平台，也花了7年时间，才成就了一个狂欢节。

引用很俗但也很贴切的一句话：路走对了，就不怕远。

关于双 11 的一些疑问

问题 1

问：有观点认为，双 11 是拆东墙补西墙，促销前抑制了消费，促销过后，销售会陷入一个萧条期，所以它本身是不带来增量的。这种观点正确吗？

答：最早提出这个疑问的可能是阿里巴巴内部。记得在 2011 年，淘宝和天猫（当时的淘宝商城）一些负责行业品类运营的小二（内部员工我们称“小二”）就已经对双 11、双十二前后整个市场的成交情况提出了疑问。要知道，他们的业绩目标是和市场整体成交情况牢牢绑定的，所以他们恐怕是全世界最关心整个成交走势以及最终结果的人。事实上，双 11 前后，成交曲线确实是往下走的。一旦预热页面上线，就有一部分消费者会把自己当下的消费需求转变成双 11 当天的购买，当然也会把一部分未来的消费需求提前到双 11 去实现。对这些小二来说，某一天业绩冲得再高也不能替代每一天都持续稳定的增长，所以，一开始他们看到这样的曲线，他们也烦。

我之所以记得这些，是因为 2010 年、2011 年和 2012 年这三年，我都作为平台规则和后台用户管理配合部门的员工参与了双 11，小二们当时提出的疑问，我也当面解答过。从今天的结果来看，当年的一些判断还是有效的。

如果我们不单看某一年双 11 前后的数据，甚至不单看当年一整年的数据，而是把有双 11 以来 7 年的数据都放在一起对比，就不难发现这样一个事实，前一年双 11 会把日成交金额拉升到一个最高峰，而这个最高峰会在第二年成为平均值。

我非常想在这里放一张表，把上述数据列出来以作佐证，但由于各种原因，数据无法获得。但上述所述确实是事实，不但参与过双 11 的小二们都清楚这一点，早年曾在淘宝、天猫电商核心业务模块任其职的人，也都知道双 11 当天的成交意味着第二年整体成交的平均水平。

双 11 带来的增长，可能不是当下的、此时此刻的增长，而是规模性的增长，是把消费者的消费热情和消费需求提升到一个新高度的增长。每年跨越一个台阶，跨上去了之后，产生的波动也是在这个台阶之上的波动，和前一个台阶有着本质的区别。

另外，前几年的双11，每一年都能带来大量的网购新增用户，而且从这些新增用户的行为来看，大致可以判断很多人的第一笔网购交易就是从双11开始的。我们可以把这种增长理解为用户红利，也可以理解为双11在那个正好需要英雄出现的历史时期，站出来承担了教育市场的角色。而享受到这一市场教育所带来的成果的，肯定不只是天猫、淘宝平台，还有这个平台上每个参与其中的品牌和商家，如果从辐射面和消费习惯的培养角度来讲，整个电商行业恐怕都在接收着来自双11的影响。

双11带来的增长其实是毋庸置疑的，我们可以把这种增长一分为二地来看，一部分其实是网购本身带来的增长，而另一部分则是在网购的效率之上加诸大规模集中式的折扣促销和节日营销所带来的刺激型的增长。

我不确定题目中所说的“拆了东墙补西墙”具体是指什么，我们能确定的是，在网购带来的增长之中，有相当一部分是从无到有，或者说是从弱到强的，说白了，我们有一些需求是被网购的便利性激发出来的，另一些需求是因为网购的丰富性而被提升了的。比如，我现在每周给自己买花，新鲜花束可以每周准时送到我在京郊的住址，而那附近或者通过便利的交通能到达的位置都没有花店，如果没有方便的网购方式，我的这个需求可能永远不会被发掘。再比如，我们原来购买零食，买面包、牛奶等副食品，基本都在离家最近的大型超市解决，而现在，除了那些常规的常见的品牌和单品，我们还会在网上买一些国外进口的或者口味新鲜的，海外购和大型网络超市所提供的选择更加丰富，服务更加便捷，这使得我们总在不知不觉当中花了更多的钱。

至于节日集中消费带来的意义，其实是不言自明的，在本书正文之中也多次提到过，消费需求需要刺激，消费行为需要气氛的烘托，否则很多需求是得不到有效转化的。

问题 2

问：有人认为，双 11 形成了脉冲式的消费，给商家的经营节奏、利润率、供应链带来了巨大的挑战，对平台价值大，对商家的价值不大，怎么看这种论点?

答：这个问题其实应该由商家来作答，而且不能是一个两个，最好是请在双 11 当中成绩处于不同水平的各种类别的商家都来说一说，或许答案会更加清晰。

如果真的要我来作答，我只能跳开商家个例来尝试一下。

天猫（当时叫淘宝商城）从 2008 年上线以来，商家的增长跟双 11 也有着密切的关系。首先，早年间，几乎每年双 11 之后，商家入驻天猫的热情，总显得更加高涨；后来，大家见惯了双 11 的成功，不会单纯因为双 11 的刺激而加入天猫，然而天猫商家的入驻数量，一直在不断地增长，即使大家都知道电商已经过了红利带来的高速增长期。这可能在一定程度上说明了，电商已经逐渐成为品牌和商家们的标准配置。

从上面的数据，我们可以大致分析出，在双11这件事情上，商家和平台的关系可以分为两个阶段，第一个阶段是，双11承担了用影响力去教育市场的历史使命，这里的教育市场包括对消费者的教育，也包括了对品牌、商家的教育。同时，传统零售原本没有双11这个档期，所以很多商家、品牌都没有应对的策略，供应链准备不足，匆忙迎战，备货风险高，价格压得低，利润率也低，这都是商家在对双11的认知从无到有的过程中，必经的阵痛。当然，这个阶段，也有很多商家尝到了双11带来的甜头，大量消费者的涌入，巨量流量的产生，最终让人意想不到的成交额，都让商家和品牌很快明白过来，这是一个很有价值的机会点，谁能率先调整自己的节奏，跟上电商行业的步调，谁就很有可能成为真正的受益者。

第二个阶段就是，双11已是天下人皆知的事了。平台做的事情更多的是，提供基础设施和配套服务，做好交易保障，提升匹配效率，概括地来说，就是搭好台子，让能唱的人唱好，让会跳的人跳好。这个时候，平台能引入的消费者数量，与前几年相比，相对是可以预期的了，品牌、商家，谁能从中拿走更多，转化得更多，全凭自己的本事。

如果在这个时候，谁再说，双11打乱经营节奏，给供应链带来伤害什么的，个人觉得，问题可能更多在其自身。就像以前大家都知道有个十一国庆节，有个春节，肯定没人会说十一国庆节和春节是打乱节奏，消耗供应链的。网购已经成为大家生活中的一部分，电商已然在逐渐成为消费的重要组成部分，双11成为电商最重要的消费节日，也已经是不争的事实。阵痛给人带来的难受，可以理解，但在生意场上，对于每一个企业、每一个商家来说，取舍、平衡、调整，甚至如何占据主动，还是得看自己。

问题3

问：每年双11，都会有很多质疑，认为销售记录的数字有水分，主要是对假货和刷单的质疑。你怎么看这种疑问，阿里巴巴的平台模式和假货、刷单之间有无必然关联？

答：从理论上来说，假货和刷单这一类事情肯定会伴随着平台的出生而发生，伴随着平台的壮大得以滋生发展；如果不是平台模式，而是自营模式，只要自营方足够自觉，花足够多的力气去管控供应链和货源，严格控制真实交易行为和记录，假货和刷单的问题确实可以被自营方杜绝掉。

但是上述说法，确实只停留在理论上。

首先，假设没有平台，假货这件事就会被消除吗？显然不是的。原因想必也不用我在这里说了，假货如果是因为平台才出现的，大街小巷就不会还有那么多假的名牌包了。

当我们在说“假货”的时候，通常包括了两件事，一是假冒，二是伪劣。假冒就是冒充别人的品牌，伪劣则是，比如产品说明上说这个包是真皮的其实却是人造革的。要深入仔细去分析，导致这两个问题盘根错节、极难根治的原因也是不一样的。简单来说，要抵制假冒，消费者、商家、品牌商、平台以及政府相关监管职能部门，都是有责任的；抵制伪劣问题，主要的责任应该在商家和监管部门。如果整个市场缺乏一个有效的监管和反馈机制，缺少一套正在持续运作的监管措施，那么，不管是平台模式还是自营模式，都逃不开假冒和伪劣问题的侵扰。别说双 11 了，整个商品经济体系的每个角落都会发生这类问题，没有什么能够幸免。

其实，平台模式在某种程度上是为对假冒伪劣问题进行监管提供了便利的。试想，在没有网购平台的昨天，卖假货的人满街跑，打的是游击战，赚了钱连屁股都不用擦，转身走掉，连痕迹都很难找到。在这种情况下，即使监管机制本身是可以奏效的也很难能够落地执行。但当有了网购平台之后，人们买假售假的行为比以前更集中了，互联网的信息技术更容易捕捉到他们的行为踪迹，所以其实应该能对监管起到帮助作用。

至于刷单，从本质上来说，其实就是信用做假。这么说吧，个人认为，阿里巴巴对中国商业文明最大的贡献，就是把“信用”这件事真正地带到了中国人的生活中。当信息技术把我们每个人买和卖的行为都悉数记录下来，那么，我们的交易行为是否良好，包含在我们的交易行为中的商业价值是否足够大，以及风险是否能够得以控制，都是可以经过统计、计算并推演出一个信用结论的。

商家（任何做生意的人）都知道，信用这件事一旦产生，所有的商业利益就会趋之若鹜地围绕着它去展开。最早的也是最浅显的表现形式就是淘宝、天猫的信用评价，无论是消费者的购物选择还是平台的引流，都更倾向于交易次数多、评价好、问题少的商品和商家。这就是“刷单”最初的也是最主要的成因。

刷单这件事，平台确实是需要承担起监管义务的，因为信用本身是数据，平台从平台数据中形成了信用，当然也应该尽可能在这些平台数据当中厘清有效的部分和无效的部分，争取做到信用数据的全面和真实，否则，信用数据本身的价值就会降低。我在这里说，对于刷单问题，平台本身是最在意的一方，可能又有人会质疑。其实道理很简单，如果双 11 平台纵容某些商家刷单，那么平台得到的可能是短时间内漂亮的成交数据，但同时，平台也会损失掉交易数据库内原本干净的交易信用数据，对平台来说，华丽的成交数据所拥有的是当下的影响力，而良好的信用数据库才是真正能产生未来巨大商业价值的核心资产。如果是我，我肯定会选真实的信用资产。

我在阿里巴巴供职期间，有好几年都是在做对假冒伪劣、刷单等问题的管控工作。那个时候，我们建立平台规则，多半是通过对违规的商家进行在线行为的惩罚来实现所谓的管控，说实话，时常会有一种“追在屁股后面打”“人家换了枪眼，你还在堵窟窿”的感觉。阿里巴巴的数据积累、数据应用能力以及平台建设能力，发展到今天，应该能够建设起为社会监管体系提供支撑和服务的平台，整合政府和社会资源来协同管理这两个问题。个人觉得，这才是阿里巴巴商业平台的最大价值。

问题 4

问：实体经济，特别是传统零售业，在双 11 面前一片哀鸿，之前还有线下企业联合抵制双 11 的例子，对于双 11 及其背后有关电商经济冲击传统零售业的说法，你如何理解？未来的趋势是怎么样的？

答：这个问题，让我想到了中学历史课本里对在洋务运动中顽固保守派的描述，虽然这种联想并不是非常贴切和恰当，但我知道，你们一定明白我的意思。

双 11 及其背后的电商冲击了传统零售业，这是不争的事实。但是，有的时候，我们只看到事实是不够的，如果不去分析事实形成的原因，那么就很有可能会找错了敌人，找不到解决问题的办法。

传统零售和电商相比，在某种意义上，一个是上一个时代的产物，一个是这个时代的新生的事物，它们之间存在着代际关系。本书前文中提到过，电商之所以在中国会如此红火，在互联网启蒙更早、发展得更好的美国却没有的原因是，中国的传统零售业真的不那么发达，中国消费者有着太多的没有被满足的需求，关于价格的、关于服务的，显见的、不显见的，方方面面。而电商的出现，让中国消费者一下子跨越了几十年，收获到了很多地方类似于发达国家的消费体验。这是不争的事实。这并不是谁的错，也不是从事传统零售业的朋友们不够努力，做得不够好。这就像正文里提到的，陆兆禧曾经说过的，打败步兵的不是另一支步兵，而是骑兵。打败传统零售的肯定不是另外一款传统零售，现在看来，就是电商零售。

电商对于消费者来说，把消费服务和体验做到了传统零售难以企及的程度，对企业来说，还让零售端的匹配效率得到了极大的提升。有更多的品牌商在越过传统零售一层层下行的通道，直接面对消费者的过程中，不仅收获了更好的销售额，还收获了一手的、及时的消费者数据，为品牌提升自己的竞争力提供了更大的空间。所以，我们可以说，原来中国经济的主体成分是制造业供应链加传统零售，那么，接下来很有可能是制造业供应链加网络零售。电商经济会变成中国经济很重要的组成部分，再怎么抵制，也不会有用。

然而，不要误会，我并没有劝大家放弃抵抗，缴械投降的意思。从商业的本质上讲，只要是能够提供价值的商业行为，就是有存在的意义的。所以，线下零售业不会真的全部下线。之所以叫它线下零售而不是传统零售，是因为既然时代改变了，那么大家都需要改变。互联网提供了网购体验，但恐怕互联网也有永远（不说绝对，就仅说当下吧）覆盖不到的、提供不了的体验。

有没有女孩子告诉过你，“其实我不买，我就是看看”。逛街这件事，不光是买买买，还有一种在眼花缭乱的商品丛林里穿梭带来的难以名状的快感，这种快感包括了把东西拿在手上端详、感受带来的切肤之感，也包含了腿在动脑子在放空的轻松感，还包括了和陌生人擦肩而过、相视一笑的微妙感觉。有人说 VR（虚拟现实）能替代这些，对此我个人是不太相信的。

有没有注意到，越来越多的大型购物商场，都会在室内放一个溜冰场。因为溜冰场带来的嬉闹、欢乐，和认识的、不认识的人之间的互动，也是在互联网上不太能够体验到的。

有没有发现“书店”这个物种，正在复苏。诚品在苏州开了内地的第一家店，自从 2015 年年底开业至今，生意一直红火。2016 年 4 月，号称“中国最美书店”的钟书阁在杭州开业。试营业当天，店里挤满了人，很多人在那里拍照、休闲。别说你认为这已经不是书店，这些当然不再是以往的书店，它们的火爆和成功，就在于它们提供了一种截然不同的体验。

问题 5

问：双 11 教育了中国网民，也教育了中国企业，推动了中国企业的互联网化进程，在巨额的世界纪录之后，我们应该如何更好地利用互联网和电子商务推动制造业的发展、拉动出口？双 11 有什么相关的启发吗？

答：个人认为，在推动制造业发展这个方面，双 11 起不到什么直接的、关键的作用。倒是对“拉动出口”也许还有点儿用。

其实前文里也已经有过相关的论述。双 11 可能会在两大块市场中，起着前几年在网购崛起时起到的作用。一块是中国农村市场，一块就是海外市场。所起到的作用，就是用节日性消费去教育市场，把优质的网购体验覆盖过去，把那片市场的红利吃下来。

既然这里没有问到农村，我们就只谈海外。海外也就是出口，原来出口的过程是很长的，中间存在多个服务物种，协作效率低下，消耗成本不少，于是出口价格降不下来。现在阿里巴巴的“1688”，跟天猫的逻辑是一样的，缩减中间商，通过集成式的平台和基础设施解决掉复杂、混乱的中间环节，把效率、体验同时提升了，也把出口价格降低了。这种提升足以吸引大量的海外用户，海外消费红利被灌入阿里系平台，也就成为可能。

做好“拉动出口”这件事，可能就是要提供好服务吧。缩短出口流程的中间环节，可要比天猫、淘宝那个时候去掉传统零售中间环节来得艰难得多，因为还涉及海关、报税、码头、轮船、货运等原本阿里系大平台尚未具备的功能和尚没有覆盖的范围。而且，这些环节在推动过程中，遇到的问题都将是非常实体化的，可能有的时候，需要用做生意的方式解决，而不是用互联网产品的思路解决。所以，这也是一件相当有挑战的事情。

如果能把拉动出口这件事情做好了，对于中国的制造业来说，也就会出现除了网购带来的消费热潮之外，又一个消费热潮的出现。至于别的能直接帮到制造业的事情，我真的暂时没有想起来。C2B 是可以帮到制造企业的，但 C2B 不是双 11 的产物，是平台本身应该要推动更多制造业，逐步逐步、慢慢具备的能力。并且，C2B 给企业带来的帮助，其实是非本质型的，是在与零售端的匹配方式上的提升，可以改变原来的生产成本模型，大大降低库存。

但制造业除此之外，更需要的是产业结构的调整，以及就个体来说的话，是核心能力的提升。我这里所说的核心能力主要是指两个，一个是制造业的核心技术能力，另一个是与内容相结合，塑造自身品牌的能力。中国的制造业缺乏自己的品牌，而品牌的沉淀给商业价值带来了更大的盈利空间，这就是为什么中国制造业前些年一直在为别人打工，自己却一直不能占据主动的原因。技术能力的缺失，会让我们继续错过工业 4.0 改造升级的机会。工业 4.0 是建立在工业机械化程度很高，系统作业能力完整的基础上的，没有核心技术能力的积累，局部去谈智能化什么的，也都是徒劳，或者说，只能在局部小范围内起到作用，对整个局面的影响并不大。

要帮助制造业发展，恐怕阿里巴巴是要在一定程度上放弃现在面向消费者的平台路线的，然后抽身向后，为供应链或者为某个行业的从业者提供协作平台。那完全是一个新东西，和双 11、天猫，甚至淘宝，都不一定有必然联系。

逍遥子采访实录

问题 1

问： 2009 年天猫做双 11 的主要意图是什么？

逍遥子答： 启动双 11 的意图很简单，2009 年天猫（淘宝商城）在阿里巴巴大家庭中还是一个新业务，我们希望通过一场大活动，树立推广这个品牌。同时和我们的商家一起为消费者带来一些回馈。我看到美国有“黑色星期五”，我和团队说，为什么不开创一个我们自己的“黑色星期五”呢？为什么选择 11 月？因为第 4 季度永远是零售销售的黄金期，10 月初有了国庆假期，这是购物的高峰期，第二个高峰期是年底购物季，幸运的是，在 11 月出现了一个窗口。同时，11 月正是季节剧烈变化的时候，从深秋到初冬，中国南北都开始换季，买很多东西为冬天做准备，这是我们做一场大促销的极好时机。

我和团队说，挑一个好日期吧，最好找个节日，容易记忆，可惜，我们在11月找不到一个节日，然后团队告诉我，11月有个“单身节”，这是我第一次听说“单身节”。11月11日，在中文里有4个“1”，这很好记，这就是优势，于是我们选定了这天，双11就这样诞生了。

经过7年发展，现在好像已经很少有人再提“单身节”了，我很高兴地看到，双11已不仅仅是中国人的全国购物日，还向全世界发展。2015年双11当天24小时的销售额，已经超过了“黑色星期五”和“网络星期一”的总和，成为全球最大的网络购物节。

问题2

问：双11之所以能取得今天的成绩，其原因有哪些？望您能从客观条件、时机、平台原因、团队执行、商家协同等多方面来帮我们进行分析。

逍遥子答：如果仅从供需角度看双11，其实质是阿里巴巴的平台资源和所有平台上商家的资源，进行了完美的匹配，阿里平台通过充分调动消费者的需求，与商家丰富多彩的供给匹配，在那一天完成完美的碰撞，产生巨大的规模。从更广义的角度看，双11的成功，不仅是天猫和阿里巴巴的成功，更是整个生态体系的成功，因为这个过程当中，只有在生产、销售、仓储、物流和售后各个环节，充分采用社会化协作的方式，才能实现如此大规模的销售额和单量，也只有通过社会化的方法，才能通过双11给所有的企业都带来新的机会。双11证明，当整个产业链当中的各个环节各个参与者，大家目标一致，按照共同的标准，共同的目标，完成一件事情的时候，整个生态体系的力量是无穷的。

问题3

问：过去几年，双11对中国传统行业的互联网化，起到了怎样的作用?

逍遥子答：从某种意义上讲，双11的成功是新经济的成人礼，我们可以看到，随着互联网作为商业基础设施成为全社会的共识，我们所有的合作伙伴，特别是我们零售平台上的品牌商和制造商，它们不再把一个互联网的节日，跟自己传统的生意对立起来，而是更积极地去拥抱这样的一个节日，把双11不仅看作销售的舞台，更当成一个营销和建立品牌的舞台。因为每个人都知道，它今天其实就是互联网的一部分，所以我们可以看到，这是在产业融合过程当中，出现了一个非常重要的变化。

不过，今天我们可以看到，整个互联网对于商业的影响，对于整个产业的发展推动，更多是在需求侧，在需求侧，我们看到因为电子商务，东西可以卖到更广的区域，不需要有10

万家门店，也可以覆盖中国很多地区，甚至乡村。因为有互联网，所以我可以连接消费者，可以给他发信息，可以跟他讨论，这是很多企业今天在尝试的。但是可以看到，随着互联网的发展，对于供给侧的影响会越来越大，互联网未来将对供给侧改革产生巨大推动。

问题 4

问：过去 7 年的双 11，最难的是什么，或者是哪一年，什么事情？这个难关是怎么度过的，度过之后，对双 11、对天猫的价值是什么？

逍遥子答：每一年都有每一年的挑战。从 2009 年创立这个节日到今天，我最大的感悟是，学无止境。每年都会有不同的变化，需要不断学习，适应变化。2009 年头疼的是货品超卖情况，但今天，我们已经不再讨论超卖的问题了，因为技术发展到现在，已经完全可以解决这个问题。但是随着移动互联网的普及和消费的升级，适应消费者手机购物的特点，满足消费者全球购物的需求，成为过去几年双 11 的重要主题。

技术不断在进步，用户的生活方式，未来我们还会在双 11 中面对各种各样的挑战，我们只有去顺应这种变化，去引领这些变化，愿意为变革付出一些成本甚至代价，我们才能一直走在时代的前列。双 11 中产生的创新，积累的经验和沉淀的流程，都会有力地提升整个阿里巴巴集团和商业互联网化的能力。

（“超卖”是指可能由于大量用户在同一时间进行交易下单，结果用户拍下的商品数量超过了卖家设定的库存上限，导致卖家不能按照订单量进行发货。）

问题5

问：从最早消费者概念中的打折活动，到去年的盛典，接下来，阿里巴巴希望把双11打造成什么样子？如何赋予它更持久的生命力？双11接下来会从哪几个方向上突破？

逍遥子答：全球化以及消费和娱乐的结合，是去年双11的两大亮点。双11会继续走向全球，去年，我们有超过3 000万消费者在活动当天购买了国际品牌的商品，或者来自海外原产地的商品，并且有来自全球超过200个国家和地区的消费者在双11期间发生了购物行为。随着阿里巴巴全球化战略的推进，我们还会在更多当地市场找到“全球买，全球卖”的机遇。

同时，去年双11，我们第一次看到了娱乐和消费结合的巨大力量。去年，我们成功举办了双11晚会，晚会本身吸引了4 000万人观看，成为同时段收视第一的节目。同时，通过晚会引导消费热情，把消费者、粉丝和电视观众三个身份融合在一起，实现了在手机、电视和消费者之间的多屏无缝互动。

问题 6

问：天猫越来越倾向于向大众消费者提供更具确定性的服务，淘宝越来越像一个消费者发现商品，寻找乐趣、消遣时间的社群化商业平台，这种理解对吗？

逍遥子答：淘宝和天猫有着各自不同的定位。天猫不仅是品牌的销售平台，更是每个品牌运营用户和发展会员的数字阵地，更是品牌全面升级商业互联网化的基地。在天猫上，品牌商可以快速地触及和获取新用户，管理老用户，从而进行品牌塑造和营销，最终转化成销售。同时，品牌商因为能直接接触消费者，从而能产生大量的数据，这些数据最终可以变成指导品牌商改造生产工艺、生产流程、供应链方式，以及新产品研发等方面最有利的武器。当然，这一切发生的结果，其实就是商业互联网化升级的过程。

淘宝的意义已经远远不只是购物，越来越年轻化的淘宝，不断创造出新的产品，新的消费对象，新的潮流和内容。用户在淘宝上充满了发现的乐趣，通过评论、问答、互动和晒图等形式，找到新的趋势、内容和商品，也基于共同的爱好形成社区，使淘宝成为他们消磨时间的一个地方。淘宝、天猫这两大平台分别都给我们的商家合作伙伴带来了独特的价值。

问题 7

问：在协同和开放之间，双 11 是否更倾向于前者？或者说，双 11 是在阿里系电商开放生态基础上的一次大合唱？

逍遥子答：阿里系的电商生态是一个开放的，自由度很高的平台。而双 11 背后，是平台上成千上万的企业，企业里成百万上千万的员工和快递从业者，所有人按照一个标准做一件事情，这个是什么标准呢？就是信息的标准，数据的标准，在这个过程当中，形成了端到端的数据体验，商品供给的完成，供给和需求的匹配，这个是过去双 11 给我们的感受。因为在这个过程当中，很多产业的供需情况，都在按照一个标准迅速地裂变。举一个例子，在双 11 之前，我被告知，在中国整个运输市场上的干线运输车辆被预订一空，为什么呢？因为所有的物流企业、配送企业都要为双 11 准备额外的资源。企业的存量运输车辆，肯定不能满足那时候的需要，所以它们要把社会上大量零散闲散的运输资源整合起来，于是，在那一天便出现了大量的外包配送人员，因为大家都知道，那一天产生的包裹量为 4.7 亿，超过了中国物流配送的承载力。但是，社会合作的奥妙就在于，当我们能围绕一个共同的目标和梦想努力时，就能自然地整合，这样，力量就被焕发出来了。所以在那一段时间内，就出现了大量的进行物流配送的临时从业者，他们赚的是计件工资，他们可以通过手机获得信息，完成服务，最后信息反馈，让用户获得一体化的服务。这就是整合的力量。

中国所有快递公司的系统都是跟我们互联的，在这样互联的情况下，当网站上发售的一个销售订单转化成一个物流包裹的时候，这个订单尽管在不同的企业之间发生了流转，但是信息的标准是不会断裂的，我们必须按照同一个口径同一个标准，衡量这个订单服务消费者时的及时性和有效性。只不过，它的商业属性从销售的订单转化成了物流的订单，乃至最后对于部分的产业，转换成一个服务的工单，所以，在这个情况当中，每个企业是自己运作，但是在大的生态体系当中，自觉和不自觉地，我们又会发生互相的连接，而这样的互相的连接，有助于我们对客户服务效率的提升，并且自然地形成了以市场为导向的标准。我们今天已经看到了整个行业非常大的变化，也是双 11 中非常有意义的一点。

问题 8

问：关于双 11，请问逍遥子最想对天猫的商家、品牌商说的是什么？

逍遥子答：首先我想对我们的商家，包括合作伙伴和快递员们说一声感谢，因为有你们，才成就了这个全社会乃至全世界消费者的节日。

双 11 是对阿里巴巴一年一度的极限挑战，也是对所有商家、合作伙伴乃至全社会商业能力的极限挑战。每一年的极限状态，在未来二三年内就会变为常态。阿里巴巴会努力地把我们在双 11 中尝试的各种创新，沉淀成工具，充分赋能给我们的商家。比如 2014 年双 11，通过对大数据推荐的大规模应用，消费者得到了充分的引导和互动，商品得到了大量个性化的展示和推荐，事实证明了大数据的巨大威力。我们用大数据赋能了双 11，赋能了我们自己的运营能力，于是在此后的一年，我们就开始充分利用大数据赋能给所有的商家，帮助它们运营好消费者，践行“让天下没有难做的生意”的使命，帮助你们都拥有自己的“双 11”。

问题 9

问：逍遥子对现在电商行业的创业者有什么建议，可以不局限于双 11？

逍遥子答：做生意的方式正在变化，电子商务本身也在产生变化，今天的电子商务，实际上是用互联网的技术和思想对各个产业进行商业重构，这当中存在着巨大的机会。但是我常常看到的是，企业进入某一个行业，圈到钱，烧钱买用户，大手笔补贴。这里面的核心在于，有没有完成商业重构，谁率先完成了商品或服务的组织重构，谁在重构过程中发生了化学变化，带来了整个生产供给效率的提升，谁才有机会为这个产业链建立新的模式，实现产业升级。任何用投资人的钱去做自己的规模，烧用户的业务都是不成立的，也是没有未来的。

后　记

这世上没有简单易行的制胜秘诀

双 11 如今已经具备了相当之强大的影响力，不仅成了全中国网民狂欢的购物节，在中国以外的地方，也有越来越多的人正在加入进去。卓然的成绩，让双 11 毫无疑问地成为商业史上一个成功的经典案例。既然是成功案例，那么它就一定有值得被学习、被借鉴的东西，甚至可能有值得被效仿的部分。

要从历时 7 年，庞杂、繁复的事实当中提取核心规律，这是写作本书的第一个难题。第二个难题是，提取出来的东西，还必须是对双 11 的成功真正起到关键作用的，并且也是值得被借鉴到别处的，可以对“成功”的结果有引导和启发作用的。这两个难题在这本书的写作过程中，让我为之踌躇了很久，原来列好的提纲，被我一再地推翻，修改。过程中，有好几次我都想放弃这种需要进行长时间严密的思考，不然随时会感觉自己都不会说话了的写作。

这期间，我从北京回到杭州，过2016年的元旦以及春节。在杭州，我见到了曾鸣教授以及阿里巴巴前战略部（现参谋部）的成员们，像离开阿里巴巴之前一样，和他们在一起畅谈，从淘宝、天猫的过去和未来，谈到互联网的今天和明天，总是受益良多。我告诉他们，我不知天高地厚地接了写作一本书稿的活儿，要写一写阿里巴巴的旷世之举“双11”，而现在，写作又陷入僵局之中，原因是我并不知道看完这样一本书，我的读者们可以得到什么。

他们当中没有人给我答案，可我们一起回忆了一件事情，这件事情让我打消了一些顾虑，也找到了这一次写作最重要的价值。

2013年，整个互联网圈和整个科技圈最重要的事情，大概就是微信了吧。那一年的年底，微信的注册用户已经达到6亿，月活跃用户接近三亿，当中还有一亿用户来自海外，按照当时用户增长的速度来看，微信将在不远的将来超过QQ，而且微信的活跃用户主要集中在移动端，所以在移动端，微信实质上已经打败了QQ。如果我们对全世界大型网络社交平台进行排名，前5名当中，腾讯以QQ和微信就可以占去其中两席。

这一年，我们在阿里巴巴内部感受到了前所未有的压力，这种压力主要来自两个非常重要的战略级别的业务，在多年尝试之后，仍然停滞不前，没有取得关键性的进展，甚至已经给未来的业务布局带来了可见的障碍。一个是社交业务，另一个是移动端的业务。“言及互联网必谈 BAT”（百度、阿里巴巴、腾讯三大互联网公司巨头）的盛势，让外界可能不容易理解这种弥漫在内部空气中的压力，也许引用一段当时 CEO（首席执行官）老陆（陆兆禧）的话，事情就会更清晰一点儿。

老陆说，在战场上，打败步兵的不是另一支步兵队伍，而是骑兵和战车；打败骑兵的也不会是另一支骑兵队伍，而是枪炮和坦克。

显然，阿里巴巴的高层们，把截至 2013 年以淘宝和天猫为核心的电商业务群所取得的成功视为冷兵器时代的胜利，而将以微信为代表的来自社交和移动端的威胁视为有着代际意义的威胁。后来，在 2016 年春节，支付宝做春晚红包时，很多人都对阿里巴巴为何执着于社交业务的推进感到困惑。我想老陆的这段话多少可以说明其中一部分原因。

比起当时集中在社交业务和移动业务上的讨论和尝试，我个人更感兴趣的是另一拨人在另一个问题上的讨论。虽然最终这些讨论没有更多地得到落地，但这次讨论让每个参与的人都知道了该如何保持思考，该如何对待每一次尝试以及尝试的每一个结果。这个讨论的主题可以概括为：如何回归商业的本质。

这里先不说“回归”这件事。阿里巴巴的B2B（企业到企业的电子商务模式）、B2C（企业到用户的电子商务模式）、C2C（用户到用户的电子商务模式）平台，支付工具，物流、金融、数据等基础设施业务，样样都很厉害，但当业务之间的关联关系越来越复杂，一个策略的形成需要考虑的因素越来越多时，一个业务的走向也就不再那么单纯了。所以，谈到“回归”也实属正常现象，关于从什么状态“回归”到什么状态，这一类的逸闻我们大可以放到聊八卦的场景中去谈，这里只谈到底什么才是商业的本质。

关于这个问题，每个人心中的答案或许都不尽相同，特别是站在不同的行业，被不同的场景所包裹的时候，我们所看到问题、所找到的方法，往往确实是不同的。但我们要探寻的是在抛开了行业、阶段、场景等具象之后的本质。

接下来给出的解释，只是我个人在参与了一系列的讨论之后，得到的一种解释，可能并不是唯一的答案，也绝不能代表阿里巴巴以及其他任何人的观点。个人认为，商业的本质即价值的交换。

《史记·货殖列传》中说：“故待农而食之，虞而出之，工而成之，商而通之……人各任其能，竭其力，以得所欲。故物贱之征贵，贵之征贱，各劝其业，乐其事，若水之趋下，日夜无休时，不召而自来，不求而民出之。岂非道之所符，而自然之验邪？”大意是这样的：所以，人们要依靠农民耕种来取得食物，依靠虞人进山开采、渔夫下水捕捉来获得物品，依靠工匠制造取得器具，依靠商贾贸易来交换和流通货物……人们都在凭借着自己的才能，竭尽自己的力量，来满足自己的欲望。（货物一旦开始流通）低价的货物能够以高价出售，高价的货物也可能被低价购进。人们各自努力经营自己的本业，乐于从事自己的工作，就像水从高处流向低处那样，日日夜夜没有休止的时候，不用召唤就能自动形成，不用请求便会生产出来。这难道不是“符合规律，商业便可得以自然发展”的证明吗？

这一段话，基本上已道出了商业的本质。人们按照自己的能力和特长，从事农、虞、工各业，创造价值，再由商来进行流通和交换，“商不出则三宝绝”，可见，通过商，价值才能兑现，人的需要才能得到满足。

具体来讲，交换的起点是你能给别人带来什么，交换的结果是你能从别人身上得到什么，而交换的过程就是“商”，也就是先对彼此所持有的价值进行估算和衡量，然后进行平等互利的交换。

所谓你能给别人带来什么，就是你所提供的产品或者你所提供的服务，再往深说一层是你所提供的产品或者服务，可以解决别人的什么问题，满足别人的什么需求，这关系到你在交换的起点所持有物价值的大小。所谓你能从别人身上得到什么，则是你的市场，也是别人对你所提供的产品、服务以及背后所包含的价值的认可程度，这关系到你最终能得到的价值补偿是多少。

所有人都不能只生产价值，还需要有人专门来从事交换的工作，因为没有它，任何价值都不能得以彰显，更不能得到最终的实现。可以说，在商品经济社会里，人们的生产活动，很多时候都是以交换为目的的，交换的方式、范围、频次、效率等等，会对人们创造价值的工作方式产生直接的影响。

我们几乎可以以是否贴合商业本质的规律来评价周遭的一切商业行为。

如果我们认为自己所提供的产品或服务，是有价值的，但却不能确定谁会为它埋单，那么我们所缺失的交换能力就并不能通过让更多的人知道来得到弥补；如果我们所提供的价值对潜在的交换对象来说，并不十分重要，我们也就没有可能通过免费或者低价来获得他们的长期青睐。比如说，假设某一款APP当下在用户增长方面遇到了瓶颈，或许我们该考虑的不仅仅是它的市场策略，还有它的业务形态本身，它所提供的价值有没有延展和增强的可能。又如，几乎淘宝上出现过的每一个爆款，都有着它价廉物美的一面，也就是说，它们基本上都是切中了某些人的某些重要诉求，而且还把价值做得非常显性，让人一看就懂，易于接受，减小了估算和衡量的障碍。在交换面前，价值是有效的，有且只有在这个前提下，低价才是诱人的。

回想起当年关于商业本质的讨论，让我对这本书的主题有了信心。双 11 是一种商业行为，今天它能获得多大的成果，能引起多大的关注，就意味着它本身具备了多大的价值。双 11 的成功，和阿里系电商业务原本就具备的庞大用户体量，以及阿里巴巴雄厚的财力支持，一定有关系，但可能并不是必要或者充分的关系；和天猫为双 11 制定的策略，淘宝为双 11 打的配合等等，一定也有关系，但这些可能仍然并非问题的关键。

也许我们可以忘记概念，甚至忘记方法论，从双 11 的实质和核心价值开始，尝试着摸索一下这一类成功的商业行为的内在逻辑。

当然，我们免不了要谈一下互联网，因为双 11 是基于互联网环境，甚至是根植于互联网时代的商业行为。当技术条件发生变化时，虽然本质不变，但商业行为所提供的价值内容，商业行为之间价值输入和输出的匹配关系，价值交换的方式都会发生变化。而且，在以上这些方面，互联网相对其他技术进步而言，它所带来的变化显然是更加深刻也更加广泛的。双 11 的成功，并不仅仅依存于互联网，但却为互联网的商业变现提供了一个较为完整的现实参照。

在此，我最想说的是，感谢互联网，让我们这一代人，不，是我们这几代人获得了更多的可能性，让我们有机会摆脱各自原生的社会关系，在求学，入仕，成为工人、农民和个体户之外，有机会成为自己想成为的人。双 11 不仅是阿里巴巴的壮举，也是我们每个人在互联网时代共同创造的壮举。成就每一个个体，也终将成为互联网有可能带来的真正的奇迹。